RECONCILIAÇÃO

Para a mãe que tanto se preocupa comigo, uma lembrancinha do seu filho que tanto a ama. Um beijo! 11/9/03

Reconciliação
Copyright by © Petit Editora e Distribuidora Ltda. 1990.
21ª reimpressão: janeiro/03 – 3.500 exemplares (138.000 a 141.500)

Direção editorial:
Flávio Machado
Capa (criação):
Flávio Machado
Assistente de produção editorial:
Fernanda Rizzo Sanchez
Chefe de arte:
Marcio da Silva Barreto
Diagramação:
Ricardo Brito
Revisão:
Sheila T. Fabre
Letícia Castello Branco Braun
Sandra Regina Fernandes
Fotolito da capa:
Digigraphic
Impressão:
Edelbra Indústria Gráfica e Editora Ltda.

Dados Internacionais de Catalogação na Publicação (CIP)
(Câmara Brasileira do Livro, SP, Brasil)

133.9 Carlos, Antônio (espírito)
Reconciliação / romance do espírito Antônio Carlos; psicografado pela médium Vera Lúcia Marinzeck de Carvalho. São Paulo : Petit, 1995.

ISBN 85-7253-014-2

1. Espiritismo 2. Romance brasileiro I. Carvalho, Vera Lúcia Marinzeck de II. Título.

98-2565 CDD–133.9

Índices para catálogo sistemático:

1. Romances mediúnicos : Espiritismo 133.9

Impresso no Brasil, no verão de 2003.

RECONCILIAÇÃO

Romance do Espírito
Antônio Carlos

Psicografado pela médium
Vera Lúcia Marinzeck de Carvalho

petit editora

Rua Atuaí, 383/389 - Vila Esperança/Penha
CEP 03646-000 - São Paulo - SP
Fone: (0xx11) 6684-6000
Endereço para correspondência:
Caixa Postal 67545 - Ag. Almeida Lima
03102-970 - São Paulo - SP

www.petit.com.br
petit@petit.com.br

Outros livros psicografados pela médium
Vera Lúcia Marinzeck de Carvalho:

Com o espírito Antônio Carlos

- Cativos e Libertos
- Copos que Andam
- Filho Adotivo
- Reparando Erros de Vidas Passadas
- A Mansão da Pedra Torta
- Palco das Encarnações
- Aconteceu
- Muitos são os Chamados
- O Talismã
- Aqueles que Amam
- O Diário de Luizinho (infantil)
- Novamente Juntos
- A Casa do Penhasco
- O Mistério do Sobrado
- O Último Jantar

Com o espírito Patrícia

- Violetas na Janela
- Vivendo no Mundo dos Espíritos
- A Casa do Escritor
- O Vôo da Gaivota

Com o espírito Rosângela

- Nós, os Jovens
- A Aventura de Rafael (infantil)
- Aborrecente, não. Sou Adolescente!
- O Sonho de Patrícia (infantil)
- Ser ou não Ser Adulto
- O Velho do Livro (infantil)
- O Difícil Caminho das Drogas

Com o espírito Jussara

- Cabocla

Com espíritos diversos

- Valeu a Pena!
- O que Encontrei do Outro Lado da Vida
- Deficiente Mental: Por que Fui Um?

Livros em outros idiomas

- Violets by my Window
- Violetas en la Ventana
- Reconciliación
- Deficiente Mental: ¿Por que Fui Uno?
- Viviendo en el Mundo de los Espíritus

"Portanto, se estás para fazer a tua oferta diante do altar e te lembrares aí que teu irmão tem alguma coisa contra ti, deixa lá a tua oferta diante do altar, e vai reconciliar-te primeiro com teu irmão, e depois vem fazer a tua oferta."

MATEUS, V: 23, 24

AGRADECIMENTO

Com todo o respeito, quero pedir permissão a todos aqueles que tiverem conhecimento desta obra a oportunidade de agradecer.

Em primeiro lugar, ao Espírito Antônio Carlos.

E depois, pelo esforço, dedicação, trabalho e interesse que tiveram para a concretização desta obra, no sentido de que viesse a público:

- ao prof. João Duarte de Castro
- a Antonina Barbosa Negro
- a Leila F. S. Sotta

A mim coube somente o prazer e a alegria de por um longo tempo estar em contato com o autor espiritual, usufruindo seus conhecimentos e sua enobrecedora companhia.

A Deus, que na Sua Misericórdia permitiu este trabalho e que tudo cria, meu sincero reconhecimento de amor.

VERA LÚCIA MARINZECK DE CARVALHO

SUMÁRIO

PREFÁCIO

Por João Duarte de Castro

O médium é um instrumento do Alto na intermediação de tarefas provindas do plano espiritual. O médium espírita sabe que o futuro está sendo projetado, modelado e definido pelo presente; sabe também que o dia de hoje é conseqüência do ontem. Tem consciência de que assumiu esse compromisso e que não pode fugir de suas responsabilidades para não pôr em risco seus resgates, seu aperfeiçoamento, seu progresso moral/espiritual.

O médium fez a rogativa de servir de elemento de conexão entre as duas dimensões para mais depressa saldar seus débitos e contabilizar merecimentos. É dando que se recebe. É o médium um instrumento, apenas, mas de primordial importância; nós todos, cada qual em seu setor, somos instrumentos, mas deve-se procurar ser sempre o melhor instrumento. Sem vaidade, sem presunção, o médium-psicógrafo deve exercer sua atividade porque sabe que o trabalho não é dele, que apenas realiza o papel do telefone ou a função do lápis. A Vera Lúcia está enquadrada exatamente nesta categoria de médiuns cônscios de sua natureza, de sua responsabilidade. É simples, humilde, mas dedicada, consciente e responsável.

A missão dos bons espíritos, guias, amigos e protetores, ao fazer manifestações na Terra, é de educação, de amor, de justiça e de trabalho evangélico. Conhecemos os bons espíritos pelos frutos de sua manifestação; seus textos são direcionados tanto para a revelação da realidade espiritual como para a promoção da pessoa humana. Em suma, com o objetivo de facilitar a evolução do espírito, fazendo-o sentir que aqui ou do lado de lá, ora num plano, ora no outro, somos sempre os mesmos e a estrada que percorremos rumo à perfeição é uma só, sempre.

Os espíritos bons, guias, amigos e protetores não se manifestam por acaso nem são escolhidos para atuar por privilégios. Os médiuns não são manipuladores nem donos da verdade. A missão mediúnica é santa e tem caráter socializante. Seu objetivo é o de confraternizar pela revelação, pelo conhecimento, pelo amor.

A Doutrina Espírita é verdade trabalhada, humildade compreendida, amor exemplificado porque é o Cristianismo redivivo e autêntico; é caridade, justiça e fraternidade lecionadas aos indivíduos na trajetória educativa ascensional. Tudo isso está contido no trabalho do Espírito Antônio Carlos.

Este é um romance que impressiona e agrada por muitos motivos: a história é envolvente e sugestiva, o tema é empolgante, o estilo é simples, mas atraente, a leitura é dinâmica, os ensinamentos são profundos, oferecendo uma visão magnífica da vida no plano espiritual.

O escritor desencarnado leva uma vantagem significativa sobre o trabalho de seus colegas encarnados: a de poder atuar com desenvoltura e simultaneamente nos dois planos da realidade espiritual. Enquanto nós aqui permanecemos com os pés no chão e com uma visão muito limitada, o espírito liberto participa da vida material e da existência espiritual, ao mesmo tempo. Nós, do lado de cá, dependemos muito da intuição, da inspiração e das informações que nos chegam do outro mundo para poder informar sobre a vida na outra dimensão; já o informante desmaterializado tanto vê lá como aqui, tanto faz suas observações no plano invisível como no universo material, de forma direta, própria e objetiva.

Tudo neste romance impressiona, agrada e esclarece. Contudo, ainda mais impressionante me pareceu a descrição do trabalho desenvolvido por uma equipe de espíritos socorristas num centro espírita. Enquanto os encarnados apenas sabem da tarefa que eles próprios desenvolvem, acontece uma ampla atividade simultaneamente realizada pelo plano espiritual. Raul (Ricardo) descreve minuciosamente sua participação, numa dessas equipes de assistência junto a um centro espírita, primeiramente na função de guarda, atuando preventivamente contra espíritos maus, perturbados e perturbadores; de vigia, passa a integrar a tarefa de auxílio à prática mediúnica, socorrendo, organizando e encaminhando desencarnados aos médiuns; depois, integrando equipes de socorro que atendem a solicitações de auxílio a desencarnados que ficam vagando pela cidade, em hospitais assistindo a enfermos encarnados e desencarnados; visitando cemitérios e confortando tanto a encarnados inconsoláveis como a desencarnados que se apegam em desespero a seus restos mortais; encaminhando espíritos necessitados para atendimento em um pronto-socorro espiritual, e assim por diante.

Quando minha querida amiga Antonina Barbosa Negro, da cidade de Leme (SP), grande incentivadora de meus modestos trabalhos, ligou solicitando-me os préstimos para a apreciação dos originais de um romance que lhe haviam sido encaminhados, coloquei-me a sua disposição. É freqüente e natural a um escritor receber semelhantes solicitações. Dizia Antonina saber de minhas ocupações e da escassez de meu tempo, mas que fazia questão de que fosse eu a realizar a tarefa. Tratava-se – esclareceu ela – de material psicografado por sua amiga Vera Lúcia, da cidade de Jaú (SP), autoria espiritual de Antônio Carlos, de um romance intitulado *Reconciliação*, que lera e muito apreciara. Como sempre faço ao ser solicitado para prestar tal colaboração, não deixei de também esclarecer a Antonina que meu parecer seria dado de conformidade com o valor do texto, independentemente de amizade ou consideração. Que ela me remetesse os ditos originais, eu arrumaria tempo para sua leitura e apreciação...

Como se tratasse de material mediúnico, não deixei de "torcer o nariz" intimamente, dada a grande inflação de obras psicografadas de qualidade medíocre existentes por aí. Infelizmente, muitos editores publicam seja lá o que for, desde que seja trabalho espiritual. É livro ditado por desencarnado? Então "Amém", e assina-se embaixo...

E foi com este espírito que recebi os originais deste livro e iniciei sua leitura. Para encurtar a história, confesso que me envolvi tanto desde o seu princípio, e gostei tanto do enredo, da linguagem, do estilo, dos ensinamentos, de tudo, enfim, que, ao chegar ao seu final, não encontrei outras palavras para traduzir meu entusiasmo, senão "Lindo! Magnífico!" E isto escrevi ao final do texto.

Que escritor exuberante é o nosso Antônio Carlos, e que instrumento mediúnico fiel e competente é a nossa Vera Lúcia!

Ligando novamente para saber a minha opinião, foi dito a Antonina que não apenas havia gostado muito do livro como iria fazer tudo o que estivesse ao meu alcance para vê-lo publicado. E para me penitenciar de minha pontinha de prevenção inicial, comprometia-me a fazer seu prefácio e os dizeres da contracapa. Daí que os originais foram encaminhados com nossa entusiástica recomendação ao Flávio e à Carmen, idealistas tarefeiros da *PETIT Editora*, e o livro aqui está, inclusive com o cumprimento de minha promessa quanto ao prefácio.

Sem querer fazer predição, acredito que este romance do Antônio Carlos estará ocupando muito brevemente um lugar de destaque na literatura espírita. Com inteira justiça, diga-se.

O POÇO

Acordei com um torpor estranho, por uns instantes não sabia onde estava, tudo parecia confuso, os últimos acontecimentos desorientaram-me. Fui tomando consciência aos poucos; com muito esforço comecei a abrir os olhos, tentei ver onde estava, no alto vi luz, a claridade do Sol. Tentei mover-me, não consegui, senti dores agudas, doía-me todo o corpo. Só consegui mover os olhos, mas a claridade do alto tonteava-me. Esforcei-me por falar.

– Ai, ai. – consegui balbuciar baixinho, doendo mais ainda com o esforço que fiz.

Lembrei-me então do poço. Estava dentro dele, conhecia-o bem, costumava brincar sempre

perto dali com meus amigos; era um seco e velho poço abandonado. Deveria ter uns cinco metros de profundidade e não era estreito, tendo uns dois metros de diâmetro; agora, dentro dele, parecia-me muito fundo e assustador. Com muito esforço, devagarzinho, consegui virar a cabeça um pouquinho para o lado direito, aumentando a dor que sentia, e então a vi.

Mamãe ali estava, caíra em cima dela, o seu corpo amortizara minha queda. Vi-a do busto para cima, estava toda suja de sangue, imóvel e com os olhos fechados. Vendo-a, além das dores horríveis, senti medo e desespero. Concentrei-me, reuni todas as minhas forças e consegui sussurrar:

– Mãe...

Ela não se mexeu. "Deve estar desmaiada" – pensei. – "Quando acordar me ajudará."

Não me mexi mais, preferi ficar olhando para ela, dava-me mais segurança; depois as dores eram muito fortes, quando me esforçava para me mexer, elas pioravam, e sentia como se arrebentasse, devia ter fraturado alguns ossos!

Lembrei-me de meu amigo Joãozinho, que fraturou a perna, chorou, gritou, dizia que parecia estar arrebentado. Agora, com a cabeça mais virada, não vi mais a boca do poço, e sim as paredes de terra e pedra, e minha mãe, que não se mexia, demorando para acordar do desmaio.

"Nos momentos difíceis, ore." – Parecia-me que escutara minha avó. Vovó Margarida sempre me dizia isso. Lembrei-me dela, recordei com perfeição como era ela, senti mais saudade ainda, senti falta do seu carinho, do seu jeito meigo de consolar-me quando me doía algo.

Procurei lembrar as orações, as que repetia sempre, mas não consegui recordá-las.

– Ah! Meu Menino Jesus, fazei que nos achem, que alguém nos tire daqui, por Maria, sua Mãe, eu lhe peço. Ave Maria... – não conseguia nem começar, meus pensamentos estavam descoordenados, tinha dificuldade de me concentrar para repetir as orações que decorara. As dores eram contínuas e fortes, sentia o suor molhar-me e deveria estar também ensangüentado, como minha mãe. Abri os olhos e olhei-a, era tão bonita! Agora estava esquisita, os cabelos soltos em desordem, toda suja e não se mexia. "Oh, meu Deus! Fazei com que nos encontrem" – pensei firme. Era de tarde, logo viria a noite, ficaria escuro e seria bem pior, esfriaria, à noite ninguém passaria por ali e ainda mais olhar para o poço. Se ao menos pudesse gritar!

Sentia que estava em cima do corpo de mamãe e não notava nela nenhum movimento. Caiu primeiro, vi quando ele a pegou, enfiou a faca no seu peito e depois a jogou dentro do poço; ficara olhando assustado, não entendi, não queria acreditar, quis gritar, não consegui, fiquei parado. Olhou para mim, estremeci de medo, veio em minha direção, tentei escapar, comecei a correr, mas logo me alcançou; segurou-me com força pelo braço, arrastou-me alguns metros, levando-me para perto do poço.

"É preciso!" – falou forte e baixo. – "Você também."

Quis gritar, não consegui, estava horrorizado, vi-o erguer a outra mão, sua direita, e a faca veio em minha direção; aflito, desesperei-me para escapar, mas sua mão, que parecia uma garra de ferro, não me largou. Errou o alvo, a faca feriu-me o ombro esquerdo em lugar do coração. Que dor horrível, uma dor aguda que me tonteou.

Senti quando retirou a faca, erguendo-me pela cintura; eu quis fazer algo, gritar, soltar-me, não consegui, e então me jogou no poço. Senti-me cair, desmaiei na queda, devo ter ficado alguns minutos inconsciente. Uma estranha fraqueza foi se apoderando de mim, parecia que tudo rodava. Abri os olhos que teimavam em se fechar, mamãe continuava do mesmo modo.

– Faça, Jesus, com que ele se arrependa e venha buscar-me; se não conseguir gritar, dificilmente alguém nos achará. É tão raro alguém olhar dentro do poço!

Tentei repetir as orações novamente. "Ave Maria...", não queria pensar, queria orar e os pensamentos vinham independentemente de minha vontade. Fatos acontecidos comigo invadiam minha memória, recordava minha infância, ainda estava nela, ia completar doze anos no mês vindouro. Sempre pensei que não tinha muito o que contar de minha vida e agora lembrava tantos fatos, acontecimentos, e com tantos detalhes que pensara ter esquecido; recordava-os como se os vivesse. A fisionomia de minha avó enchia-me a mente, amava-a muito. Chamava-se Margarida, era minha avó materna, fora ela a pessoa que mais carinho e amor me dera. Morei com ela até meus oito anos, foi ela quem me criou, ensinou-me a orar. Era tão boa, tão meiga e tão querida por todos que a conheciam. Enquanto morei com ela fui muito feliz, raramente ia à casa dos meus pais e só recebíamos visitas da mamãe e das minhas irmãs.

Minhas irmãzinhas! Que vontade de vê-las! Era o mais velho, depois vinham Taís e Telma, que moraram sempre com meus pais. Vovó morreu de repente. Não entendia bem o que significava morrer, senti que nos separávamos e que minha felicidade acabara. Fui morar com meus pais.

A fazenda, como era gostosa a fazenda onde passei a minha primeira infância com vovó! Era o lugar mais lindo do mundo, para mim! Vovó dizia-me que sempre achamos lindos os lugares onde somos felizes. Depois da morte de vovó, voltei lá só duas vezes. Recordava tudo como se acontecimentos de anos antes tivessem acontecido ontem, lembrava-me dos meus brinquedos, das árvores, dos animais, da casa. A fazenda ficava perto da cidade onde residiam meus pais e foi vendida depois que vovó se foi.

Fiquei muito triste por ter de deixar a fazenda para ir morar com meus pais; fui assustado, meu coração saltava no peito. A casa era grande e boa e a cidade, pequena, onde todos se conheciam. Meu pai tinha um armazém não longe de casa, perto da igreja. Mamãe era bonita e delicada, seus olhos grandes e azuis estavam sempre tristes. Taís e Telma eram uns amores, quietas, delicadas, obedientes. Morava conosco também Maria, a empregada que chamávamos de Pretinha por ser de cor negra, bem negra mesmo, e miúda. Gostei dela logo que a vi, era muito amiga de mamãe e ambas trabalhavam muito.

Logo percebi que meu pai não gostava de mim. Quando ele chegava em casa, Taís e Telma corriam para abraçá-lo e ele mimava-as, pegava-as no colo, ria para elas. Não ousava me aproximar, ficava olhando, ele não me dirigia a palavra; ignorava-me, parecia que não gostava nem de me ver.

Comecei a ter medo dele, parecia que o irritava e passou a me xingar, a surrar-me por qualquer motivo e, até mesmo, sem motivo. Não entendia, não conseguia entender por que ele procedia assim; mamãe, carinhosamente, tentava explicar-me: "Raul, seu pai está cansado. Manuel trabalha muito. Evite vê-lo, ele fica tão pouco em casa. Quando ele estiver, saia você, filho, vá brincar com seus amigos; quando ele sair, volte. Essa implicância passa, devemos ter paciência, compreendê-lo, e nunca faça nada para chateá-lo".

Fiquei muito triste, mas tratei de obedecer à mamãe, sem fazer perguntas para não deixá-la mais triste ainda. Às vezes ficava pensando sobre o porquê de ele ficar nervoso só comigo. Se estava cansado, por que brincava com minhas irmãs e comigo não? Por que surrava-me tanto, se não lhe desobedecia em nada? Na verdade era minha mãe quem trabalhava muito, passava o dia todo na cozinha fazendo quitutes para serem vendidos no armazém. Nunca fui ao armazém, sempre tive vontade de ir, mas meu pai proibira-me. Passava sempre por perto e via-o à toa a conversar com outros homens e pensava: "Mamãe diz que ele está cansado, não o vejo fazendo nada, será que ela sabe que ele fica à toa?" Nunca tive coragem de comentar com ela o que via.

Na fazenda, dormia no quarto com vovó: como era gostoso desfrutar de sua companhia, receber seu beijo de boa-noite! Com meus pais, não quis dormir no quarto, sozinho; queria dormir com minhas irmãs, e meu pai não deixou. Fui dormir com Pretinha no quartinho perto da cozinha. Estranhei no começo, porém ela era tão boazinha e logo nos tornamos bons amigos. Pretinha ficara órfã de mãe bem pequena, e o pai colocou-a para trabalhar como doméstica, morando no emprego. Antes, morava com minha avó e veio com mamãe, quando ela se casou.

Ela via pouco o pai, tinha irmãos da parte do pai com outra mulher, contara sua história uma vez, depois não tocara mais no assunto. Não gostava de falar de sua vida, para ela sua família éramos nós, de quem muito gostava.

Eu tinha muitos amigos, gostava de todos e era muito querido por eles, brincávamos por todos os lados. Ia à escola de manhã e à tarde fazia minhas lições; gostava de ajudar mamãe e Pretinha a fazer doces. E, quando meu pai chegava, saía rápido, indo brincar, ou até ficava em algum canto do quintal esperando que saísse novamente. Por isso, brincava muito pela redondeza, não importando se estava frio ou chovendo. Conhecia todos os meninos da vizinhança. Em casa, tornou-se hábito vigiar as chegadas de meu pai. Pretinha e minhas irmãs avisavam-me: "Raul, papai já vem!"

Ele costumava entrar pela porta da frente, e eu saía pelos fundos. Ia brincar, nadar no rio, pescar, brincar de pião, com bolinhas, corria por toda parte. Não comentava com ninguém que papai implicava comigo, como mamãe recomendava. O chato era que ia dormir muito cedo, após o jantar; papai chegava e raramente saía, eu ia para o meu quarto e lá ficava. Sem ter com quem brincar, ia dormir.

Papai comprava roupas bonitas e brinquedos para Taís e Telma, nunca me dera nada e não deixava mamãe comprar nada para mim. Não sentia inveja de minhas irmãs, achava merecido elas ganharem presentes, ainda mais que elas deixavam que eu brincasse com eles, só que não achava graça em brinquedos de meninas. Minhas roupas, eu as ganhava de minha tia, de meu primo mais velho. Eu não me aborrecia com essas diferenças; sentia, sim, a falta do amor dele.

As dores estavam fortes, muito fortes, e não passavam. Tentei orar novamente, queria e não conseguia repetir as que sabia de cor, pensei nas imagens que via sempre na igreja, a de Maria, com expressão de sofrimento, e a de Jesus, coroado de espinhos e todo machucado. Jesus deve ter sofrido muito, como eu agora. Mamãe não se mexia, estava demorando demais para acordar: será que morreu? Apavorado, quis chorar, não consegui, meus olhos estavam secos e as lembranças teimavam em vir.

Aquela pedra! Observei bem na parede do poço uma pedra com formato quadrado, e lembrei do meu carrinho. Fora presente de vovó, era de madeira, uma cópia perfeita do carro que os bois puxavam na fazenda. Tinha muito cuidado com ele, guardava no meu quarto, dentro do armário, tinha-o como lembrança de minha avó.

Um dia, estava chovendo, não vimos papai chegar, voltara mais cedo, estava começando a jantar. Ao me ver, começou a ralhar comigo, senti muito medo, não sabia o que fazer, se ficava ou se saía da sala. Ele mandou que olhasse para ele, olhei, e xingou-me mais ainda. Até que escutei com certo alívio: "Hoje não come mais! Vá para seu quarto". Saí quase a correr, fiquei no meu quarto, peguei meu carrinho como se pedisse proteção. Escutei vozes na cozinha, papai discutia com mamãe.

"Não devia tratá-lo assim" – disse mamãe.

"Aqui mando eu e faço o que quero. Se está achando ruim achará mais!"

Entrou no meu quarto empurrando a porta. Assustado, fiquei olhando sem conseguir mover-me. Chutou meu carrinho e pisou em cima, depois tirou a cinta e começou a surrar-me. Gritei. Mamãe e Pretinha acudiram-me e acabaram apanhando também.

Saiu furioso e choramos todos: mamãe, Pretinha, minhas irmãs e eu. Mamãe teve que me banhar com salmoura. Doía-me o corpo todo, mas o que me machucava realmente era ver meu carrinho todo quebrado.

"Por que, mamãe, por quê?"

Ela não respondeu, estava tão triste quanto eu. Ajudou-me a consertar meu carrinho. Não ficou como antes, não rodava mais. Guardei-o então bem escondido e só o pegava quando tinha a certeza de que papai não estaria em casa. Após esse dia, tomamos mais cuidado, evitava ver meu pai, passando meses sem vê-lo e, quando o fazia, era de longe.

Nos últimos tempos, mamãe estava mais triste e abatida. Pretinha dissera-me que ela estava sofrendo, Telma a vira chorar e contara que papai havia gritado com ela.

Naquela semana, pareceu-me que ele estava mudando: nos últimos dias, estava mais atencioso. Encontrou-me almoçando, tremi assustado, sem saber se saía ou ficava, só me olhou e disse: "Coma, menino".

Saiu da cozinha, indo para a sala. Suspiramos aliviados, acabei de almoçar e saí rápido de casa. Engraçado que, quando ele se referia a mim, nunca me chamava pelo nome, sempre de "menino" ou "moleque".

Dois dias atrás, trouxe doces, as meninas correram para pegar, já estava saindo da cozinha quando ele me chamou: "Moleque, venha cá!" Ficamos todos com medo, tremi assustado, parei e voltei, ele estava entrando na cozinha.

"Tome isto!" Deu-me doces, o mesmo tanto que dera para as meninas; fiquei contente, mamãe alegrou-se, esforcei-me e consegui dizer: "Obrigado".

Ontem, quando íamos jantar, Pretinha avisou que ele estava chegando. Corri para meu quarto, lugar em que ele nunca mais entrara. Da cozinha, gritou: "Menino, venha jantar!"

Não saí do lugar, mamãe veio buscar-me e disse: "Venha, ele está calmo". Fui com medo, sentamos todos e jantamos. Não ousei levantar a cabeça e não conversei. Olhei-o disfarçadamente algumas vezes, pareceu-me tranqüilo. O jantar pareceu-me longo: quando acabamos, ficamos sentados e eles conversaram. Até que nos mandou dormir; fui, aliviado.

Hoje pela manhã, papai mandou que Pretinha levasse as meninas ao ensaio do coral da igreja à tarde e ficasse esperando para trazê-las de volta. Logo que Pretinha e as meninas saíram, estávamos na cozinha, eu fazendo minhas tarefas escolares e mamãe fazendo bolinhos, quando papai entrou de surpresa; nessa hora não costumava vir para casa.

Ao vê-lo entrar pela porta da cozinha, fiquei quietinho, mas virou-se para mim e indagou:

"Menino, está bem na escola?"

"Estou sim, senhor" – respondi.

"Manuela, estive pensando, acho que já é tempo de acabar com algumas coisas desagradáveis aqui em casa. Raul não precisará mais sair de casa quando eu chegar, isso traz comentários e não vou surrá-lo mais, vamos procurar viver em paz."

"Manuel!" – exclamou mamãe. – "Quer isso mesmo? Que bom!"

"Vamos começar dando um passeio. Estou com vontade de andar um pouco pelo campo, está bonito nesta época do ano. Venha comigo, Manuela."

"Mas, Manuel, vou fritar os bolinhos!"

"Deixe isso para depois. Está trabalhando muito, o armazém ficará hoje sem seus bolinhos, vamos aproveitar esta tarde bonita para conversar e nos entender. As meninas só voltam lá pelas dezessete horas. E venha você também, moleque. Vamos os três. Feche a casa, Manuela, enquanto vou ao armazém dar ordens para o Oswaldo. Vá indo na frente com o menino, encontro vocês logo, vão pela estrada da Capoeira."

Papai saiu e mamãe sorriu, feliz.

"Vamos, Raul, vamos passear com seu pai. Feche a casa para mim, vou arrumar-me, acho que Manuel está mudando, tratou-nos tão bem..."

Logo saímos e fomos para o lado da estrada da Capoeira, que não era longe de casa, era caminho de diversas fazendas para a cidade.

Íamos de mãos dadas. Mamãe soltara seus cabelos, penteando-os, ficara muito bonita, estava perfumada e risonha. Recomendou-me:

"Raul, meu filho, preste bem atenção, seja obediente. Não deve irritar seu pai, fale pouco, fique quietinho, obedeça-lhe em tudo para agradá-lo. Fique perto de mim, não se distancie, entendeu? Estou tão contente, tenho fé em Deus e esperança no coração de que nossa vida irá mudar. Acho que ele me ama, está contente e tranqüilo. Quis passear conosco. Isso é bom, não acha?"

Fomos andando pela estrada, o campo estava florido e a tarde, morna e agradável. Olhava mais para mamãe, alegre, estava mais bonita ainda e era tão meiga e tão boa! Papai alcançou-nos, veio apressado olhando para trás, sorriu ao nos ver.

Passou a mão na minha cabeça, querendo ser agradável, mas não estava contente como minha mãe. Senti medo, não sabia por que, sentia uma ansiedade, como se a qualquer momento ele fosse tirar a cinta e surrar-me.

Continuamos a caminhar.

"Vamos até lá embaixo?" – sugeriu papai.

"Não é longe? As meninas podem voltar" – respondeu mamãe.

"Ora, Manuela, elas estão com Pretinha e não demoraremos, estou hoje com vontade de andar. Não acha agradável andar pelo campo?"

"Está mesmo muito agradável. Vamos."

Foram conversando, papai pareceu-me um tanto estranho, olhava muito para os lados, enquanto mamãe ia feliz com a atenção recebida. Ela se recordava de sua infância na fazenda, de seus pais, de quando namoravam, da coincidência de nomes. Saímos da estrada, descemos um pequeno morro. Eu ia calado, ao lado de mamãe, como ela recomendara, catava pedrinhas e jogava-as.

"Aqui está. O velho poço abandonado" – disse meu pai.

"Não acha perigoso, Manuel, deixar um buraco assim aberto em pleno campo?"

"Foi aberto porque julgaram achar água, como não deu em nada, abandonaram-no. Venha, vamos vê-lo. Manuela, você disse a alguém que íamos sair? Encontrou com alguém no caminho?"

"Não, ninguém."

Muitas e muitas vezes, brincara por ali; mas, por recomendações, não chegávamos muito perto do poço porque sabíamos que poderíamos cair. Papai aproximou-se e chamou-nos.

"Venham vê-lo. Curioso, é bonito, não tem perigo, é só ter cuidado."

Aproximamo-nos, mamãe chegou bem perto dele, eu fiquei a uns dois passos dela. Aí, tudo aconteceu. Meu pai feriu-nos e jogou-nos ali dentro do poço.

Eu indagava: "Por quê? Por quê?" Não entendia, não conseguia entender; pensando nele, não sentia raiva, parecia-me que ele tinha motivos para fazer o que fez. Nem medo dele tinha mais, não achava ruim o que nos fizera e não sentia nem um pouco de ódio. Lembrei que, uma vez no catecismo, fiquei bravo com os homens que mataram Jesus, após ouvir a história da crucificação.

"Ah, se estivesse lá" – exclamei –, "mataria todos eles sem piedade!" – Fechei o punho, ameaçador, e dona Mariana, a catequista, respondeu-me com brandura:

"Raul, Jesus passou por muitos sofrimentos, ingratidões e até traição; compreendeu a maldade deles, aceitou tudo com muito amor. Perdoou-lhes e pediu para o Pai perdoar-lhes, deixando-nos o exemplo a ser seguido. Por que não perdoamos também? Não devemos ter raiva de ninguém, mas compreender as maldades que nos fazem."

Senti-me mais tonto ainda, estava estranho, as dores suavizavam e um frio invadiu-me. Pensei nele, lembrei com detalhes o rosto de meu pai, sua expressão ao me segurar; odiava-me e eu não sabia o porquê. Tentou matar-nos, ferindo-nos tanto, e eu o perdoava, perdoava de coração.

"Perdôo-lhe, papai" – disse em prece. – "Perdôo-lhe e não vou querer mal ao senhor, não vou!"

O SOCORRO

Pararam as lembranças; por uns instantes, fiquei como que vazio.

– Venha, querido, dê-me sua mão.

Pareceu-me ser a voz de minha avó, escutava de um modo estranho, senti como se alguém me protegesse. Quis obedecer, esforcei-me e ergui a mão com mais facilidade do que pensava poder fazer. Virei a cabeça, já sem esforço, para cima e a vi.

Vovó estava sorrindo ao meu lado, segurava uma das minhas mãos que estendi e ela estendia-me também sua mão. Senti-me tonto, com a sensação de que ficara leve de repente e que me erguera do chão, do fundo do poço.

Olhei para baixo, percebi que estava de pé e deitado também ao mesmo tempo. Vi-me com nitidez, virado, todo sujo de sangue e imóvel.

– Não olhe para baixo, venha para meus braços.

Vi então que com minha avó estavam mais duas pessoas que não conhecia e também não consegui vê-las direito. Parecia que elas me soltavam de alguma coisa e esta coisa parecia ser eu mesmo, meu corpo.

Olhei com muito amor para vovó, era bom demais tê-la comigo nessa hora em que sofria e necessitava de carinho e proteção.

– Vovó! É a senhora mesmo? – falei com facilidade. – Incrível, não sinto mais dores, a senhora veio ajudar-me? Não está morta?

– Ninguém acaba no mundo só porque teve seu corpo morto. Quando amamos, estamos sempre juntos, e eu amo você. Tem medo?

– Não, senhora, nunca iria ter medo da minha avozinha.

– Meu netinho, venha comigo.

– Não posso andar, até há pouco nem me mexia, as dores passaram, mas...

– De agora em diante, não terá mais dores, venha para meus braços.

Fui sem medo, amava demais minha avó, sentira sempre tanta saudade dela. Senti seus lábios na minha testa num beijo suave, cheio de carinho, como sempre fazia nos tempos em que morava com ela. Confortado, confiante, fiquei por uns instantes desfrutando a paz que me transmitia. Lembrei-me então de mamãe, que também carecia de socorro, olhei para baixo e estava mamãe do mesmo modo, como eu também. Nós dois, imóveis, quietos, machucados.

– Sou dois agora, vovó? – indaguei assustado.

– Não, Raul, você é um só. Você é este que sente, que conversa comigo, que está nos meus braços. O outro que está imóvel é só seu corpo. Não se assuste, meu neto, uma nova vida começa para você. Não quer ficar comigo?

– Sim, quero, o que mais quero é morar com a senhora novamente.

– Sabe que morri para o mundo físico, material, moro em outro lugar agora?

– Não faz mal, se eu morri, quero estar com a senhora.

– Vou carregá-lo, vamos sair do poço.

– E mamãe? Vem conosco? A senhora e seus amigos vão tirá-la do poço?

– Raul, sua mãe virá mais tarde, não se preocupe com ela.

Não me preocupei, sempre confiei em vovó, senti-me bem, acomodei-me nos seus braços carinhosos e um suave sono invadiu-me; ainda tentei abrir os olhos, não consegui, adormeci.

Acordei bem disposto, espreguicei, sentindo-me muito bem, depois olhei para os lados procurando por Pretinha. Pensei estar acordando no meu quarto, mas era um quarto grande com várias camas, lugar claro, agradável. Respirei fundo, senti-me leve e disposto. Olhei pelo quarto todo, não conhecia aquele lugar, olhei-me, não estava com minhas roupas e sim com uma de dormir, limpa e perfumada. Apalpei-me, estava como sempre, sem nenhum machucado. Lembrei-me do poço, dos acontecimentos, de mamãe, senti medo. Quis gritar, mas não o fiz, encolhi-me na cama, cobrindo-me todo com o lençol. Acabei por conseguir dizer: "Valha-me, Deus! Será que é sonho, eu sonhei?"

– Como está meu homenzinho? Dormiu bem?

Descobri só um pouquinho o lençol, o tanto que deu para ver a dona da voz, olhei-a curioso. Era uma moça muito bonita, risonha e alegre. Senti-me mais tranqüilo, ela pareceu-me boa. Sorriu para mim e sentou-se na minha cama.

– Não fique assustado, sou sua amiga. Como se sente?

– Eu? Bem, não sei. Poderia dizer-me se sonho?

– Claro que não, veja, vou beliscá-lo.

Apertou minha bochecha direita, riu alto e acabei por descobrir-me, soltei mais meu corpo e sorri também.

– Raul, meu querido! – Escutei a voz de vovó que chegava.

– Vovó, avozinha!

Abraçamo-nos, beijamo-nos.

– Raul, meu neto, estaremos sempre juntos agora.

O medo passou, sentei-me na cama, passei meus braços em torno do corpo dela como se a segurasse para sempre junto a mim.

A moça, minha nova amiga, fez um adeusinho com a mão e saiu, deixando-nos sozinhos.

– Estamos no céu, vovó? Mora aqui? Que é dos amigos? Conhece o anjo Gabriel? Gostaria de vê-lo, acho-o tão lindo!

Vovó sorriu.

– Saberá de tudo aos poucos, meu neto. O céu como pensa não existe, aqui é uma das moradas espirituais, linda e acolhedora. Anjos são espíritos bons que trabalham em ajuda a todos. Mas como se sente?

Pulei da cama, sentia-me muito feliz com a presença de vovó. Não senti medo ou receio, a nova forma de vida estava encantando-me, ainda mais sabendo que agora ficaria com vovó Margarida. Mas lembrei-me de mamãe, se estava viva no corpo, deveria estar machucada, ou, se estava morta, deveria estar também ali.

– Vovó, e mamãe? Não está aqui?

– Aqui, Raul, é morada dos mortos da matéria.

– Morri mesmo? Nem acredito. Tinha impressão de que a morte era complicada.

– A morte do corpo é um fenômeno simples que acontece a todos nós. Sim, seu corpo morreu.

– Mamãe não morreu? Foi mais ferida, caiu primeiro. Ainda está lá? Está sozinha?

Vovó entristeceu-se por uns instantes, voltando a sorrir em seguida.

– Ninguém está sozinho, estarei sempre que possível com minha filha, não se aflija, por favor. Deus é bom demais, Manuela ficará boa.

– Eles a acharam? Deve ser noite, está escuro.

– Claro que a acharam, não deve se preocupar com isso, agora. O importante é você estar bem.

– E vovô? A senhora dizia que quando morresse queria ficar com ele!

– Aqui não é bem como pensava que fosse. Não ficamos todos no mesmo lugar. Há muita justiça e uns, como seu avô, necessitam ficar em outros lugares para compreender e se arrepender dos erros cometidos.

Lembrei que vovô, nas conversas que eu escutara, fora mandão e genioso:

– Está no inferno? – indaguei ressabiado.

– Não, Raul, o inferno eterno não existe, mas há lugares feios e tristes onde ficam os imprudentes, por certos períodos, até se arrependerem. Compreenderá aos poucos.

– Vovó – acenei para que se aproximasse e disse-lhe, baixinho: – Sabe quem nos jogou no poço? Foi meu pai, foi ele mesmo.

– Vamos esquecer isso também, por enquanto.

– Não tenho raiva dele, já o perdoei, como ensinou Jesus no Pai-Nosso.

– Raul, orgulho-me de você, procede do modo mais certo: quem perdoa limpa-se e torna-se leve; foi por isso que pôde vir para cá e estar comigo.

Mudamos de assunto, começamos a falar do tempo em que vivíamos juntos, de fatos interessantes. Senti-me tão feliz ao lado dela que não pensei mais nos acontecimentos tristes.

Vovó acomodou-me no leito, orou comigo, agradecendo por estarmos juntos. Beijou-me, senti sono, dormi tranqüilo.

Devo ter dormido muito, porque acordei com vovó me chamando:

– Raul!

Acordei, pulei nos braços dela, beijando-a.

– Está muito bem, menino. Vou levá-lo para minha casa.

– Não mora aqui, vovó?

– Aqui é um hospital, onde ficou uns dias se recuperando. A vida continua e não é só dormir. Conhecerá minhas amigas que moram comigo. Venha, mostrarei a colônia a você.

Vovó ajudou-me, mas eu sentia que mamãe chorava por mim. Estranho, eu sabia que ela me chamava. Eu disse para minha avó:

– Vovó, é mamãe, sinto que está chorando e que chama por mim!

– Manuela sabe que você morreu, está triste e chora, mas isso passa. Quando sentir isso, ore e se distraia. Não deve se preocupar com ela, as mães sempre choram por seus filhos.

– Que bobagem, vovó! Se mamãe pudesse ver-me não iria chorar por mim.

Não falei mais nada, mas pensei: "Acharam mamãe e ela sabe por que morri. Papai deve estar arrependido e tudo ficará bem, lembro que sofremos e choramos quando vovó morreu e agora eu a vejo viva em espírito e estou junto dela".

– Raul – disse vovó –, não deve dizer que morreu, use o termo certo, você desencarnou, isto é, está vivo, sem o corpo carnal. Ninguém acaba, Raul, vivos sempre estamos, no corpo dizemos que estamos encarnados ou reencarnados; sem o corpo de carne, estamos desencarnados.

– Que interessante!

Saí do quarto e vi que o hospital era grande, limpo e agradável, rodeado por um grande jardim com árvores e muitas flores. De mãos dadas com vovó, ia olhando tudo, encantado! Passamos por um portão, chegando a uma rua toda limpinha e arborizada.

Tudo é tão lindo, vovó, mais parece uma cidade, ruas, casas, que coisa!

Vovó sorriu.

– É uma cidade, Raul, só que no plano espiritual; a vida continua!

– Por que, vovó, os encarnados – sorri ao falar o termo aprendido – não sabem disso?

– Muitos sabem, Raul; outros preferem complicar algo tão simples e perfeito.

– Como é bom morrer, digo, desencarnar! – Rimos.

Chegamos à frente de uma casa rodeada de um pequeno jardim, cheio de flores.

– Aqui é meu lar e seu também de agora em diante; venha, entremos.

A casa era limpinha, agradável; as amigas de vovó, quatro senhoras simpáticas e bondosas, receberam-me alegres e logo fiquei à vontade.

– Este é seu quarto, você ficará comigo.

Em pouco tempo, conheci tudo e tornei-me amigo das companheiras de vovó. Despediram-se de mim, dizendo que iam trabalhar, achei estranho e corri para indagar.

– Vovó, vovó, elas foram trabalhar? Aqui não se descansa pela eternidade? Vejo-as felizes, e vão trabalhar?

– Raul, será que pessoas dinâmicas seriam felizes sem fazer nada? O trabalho é a alavanca do progresso espiritual. Há muito o que fazer aqui. Será que você não se cansará de ficar à toa? Não irá querer saber como é aqui? Poderá aprender, estudar. Não foi auxiliado? Ajudamos você a desencarnar, foi atendido no hospital, isso é trabalho, é o que fazemos aqui. O céu que muitos imaginam na Terra não é o da realidade, não ficamos ociosos pela eternidade. Desencarnar é como mudar, muda-se a forma de viver. Somos eternos, a vida continua e não se cresce sem estudo e trabalho.

– A senhora falou que nem todos que desencarnam vêm para cá; podem ir para onde?

– Muitos lugares, lindos e agradáveis como este; feios e tristes, para os maus.

– Vovó, se papai desencarnar, irá para um lugar feio?

– Não sei, Raul, se não se arrepender, irá. Mas você não deve se preocupar com isso agora.

– Vovó, se vou morar aqui, quero conhecer, aprender, não gosto de ficar à toa.

– Como me alegro em vê-lo disposto! Vou levá-lo amanhã a uma escola onde aprenderá com outros jovens o que necessita saber.

– Escola?!

– Não é só porque desencarnou que se tornará sábio e saberá de tudo. Para saber é necessário aprender e estudar. Agrupam-nos em escolas, em salas de aula. Quem sabe ensina para os que querem aprender. A escola para onde irá é para crianças e jovens, tendo também adultos, é grande e espaçosa. Fará muitos amigos, jovens como você; lá passará o dia todo e só virá encontrar-se comigo à noite.

– Não ficaremos o tempo todo juntos?

– Raul, estaremos juntos, mas não o tempo todo. Você estudará e eu tenho minhas tarefas, meu trabalho. Não posso ir à escola com você, nem você comigo ao meu trabalho. Cada um de nós tem uma ocupação e não podemos estar o tempo todo juntos. Isso acontece com os encarnados também; a vida continua.

Aguardei ansioso o dia seguinte e logo cedo fui conhecer a escola com vovó. Andamos pelas avenidas, onde as pessoas nos cumprimentavam contentes. Vi um senhor de mãos dadas com um garoto que, como eu, olhava tudo, encantado. Pareceu-me ser o pai dele, e lembrei-me do meu.

– Vovó, é melhor não dizer a ninguém o motivo de meu desencarne. Não quero que meu pai venha a ser preso e depois me envergonhar.

– Raul, os acontecimentos aqui não são iguais aos da Terra. Não podemos esconder os fatos e não tem por que se envergonhar, verá isso com o passar do tempo. Creio que ninguém o interrogará e não precisa contar, se não quiser. Quanto a ser preso, está entre desencarnados que não efetuam prisões.

– Vovó, sinto que meu pai teve motivos para fazer o que fez, só que não o entendo, eu esforcei-me por gostar dele. Às vezes, sentia que ele também, só que não conseguia. Qual o motivo do ódio dele, vovó? A senhora sabe? Se há motivos, gostaria de conhecê-los.

– Raul, o progresso exige mudanças, transformações, nosso modo de viver não é eterno, como nós. Estamos sempre mudando, ora vivemos revestidos do corpo carnal, encarnados, ora estamos aqui, no plano espiritual, desencarnados. Vivemos muitas vezes na Terra, renovando os corpos.

– Que legal! Já fui outras pessoas?

– Nao, querido, você é sempre o mesmo; já teve, sim, outros corpos, conseqüentemente, outros nomes, viveu em muitos lugares, teve acertos, erros, aprendendo e crescendo espiritualmente.

– Erros. Vovó, é isso, sinto que errei muito e minha morte, quer dizer, meu desencarne violento se deu em razão de meus erros do passado.

– Sofremos, Raul, o que fizemos outros sofrerem.

– Parece que sei disso, a senhora fala e parece que recordo. É estranho, sinto que tive realmente outras existências, e junto com meu pai. É possível?

– Sim, Raul, é possível. Laços de amizade ou de ódio são fortes. E a Justiça Divina sempre coloca juntos nas encarnações os que se odeiam para pôr fim a esse sentimento inferior.

– Da minha parte, acabou; gosto do meu pai, amo mamãe. Se meu pai nos odeia, coitado dele...

– Sim, é verdade, quem odeia é digno de dó.

Chegamos ao Educandário, assim era chamada a escola de jovens e crianças. O prédio, muito grande, era rodeado de jardins floridos e parques com brinquedos espalhados.

– Como é grande! Como é maravilhoso! – exclamei, admirado.

– Este lugar, Raul, é local de estudo e também morada para aqueles que não têm parentes aqui. Do lado direito estão as classes dos jovens e do outro lado, as das crianças. Há muitos professores e todos vivem felizes.

Após atravessarmos o portão, entramos na recepção, onde fomos atendidos por uma senhora simpática, que abraçou vovó e depois a mim.

– Veio acompanhar o netinho, Margarida? Que mocinho lindo! Como está?

– Bem, obrigado – disse, um tanto encabulado.

– Gostará daqui, Raul, conhecerá hoje toda a escola, levarei você à classe que freqüentará.

A escola, ou melhor, o Educandário, muito limpo, pintadinho e cheio de plantas floridas, encantou-me. A senhora que nos recebeu deu algumas explicações à vovó.

– Margarida, Raul estudará em classe especial. São vinte meninos da mesma faixa etária que tiveram desencarne incomum. São espíritos inteligentes e com conhecimentos anteriores. Terá só um professor nesse período, é o professor Eugênio, dedicado e amigo, mestre de quem seu neto muito gostará. Aqui é a Direção, venham conhecê-la. São muitas pessoas que aqui trabalham visando ao bem de todos os nossos jovens e crianças.

Olhava tudo, maravilhado, nunca vira lugares tão lindos e grandes. A nossa cicerone continuou:

– Aqui ficam as moradias, masculinas e femininas, o pátio, a ala das crianças, que são repartidas por idades, ali está o berçário.

Vi crianças de todos os jeitos e muitas brincavam felizes pelos parques.

– Terá tempo, Raul, para conhecer tudo. Venham, nesta parte estão as salas de aula; aqui está a sua.

– Devo ir agora, Raul – disse vovó, beijando-me na testa.

Nossa condutora bateu na porta e um senhor agradável, risonho, abriu-a e deu-me um abraço.

– Você é Raul? Esperávamo-lo, venha conhecer seus colegas.

Despedi-me com um aceno de mão da senhora que me acompanhou. Fiquei encabulado, mas o professor não me deixou sentir receio; tomou-me pela mão e observou-me de modo agradável. Corri o olhar pela classe, grande, confortável, limpa e bonita. Meus novos colegas eram só meninos de onze a quatorze anos, olharam-me sorrindo, dando-me boas-vindas.

– Este é Raul, recém-chegado do lar terrestre – disse o professor. – Este é... – Foi dizendo o nome de todos, um por um.

– Não se preocupe, Raul, logo saberá o nome de todos. Sou o único professor de vocês, irá estudar gramática, matemática, matérias de conhecimentos gerais, como também moral cristã e o *Evangelho*. Sente-se aqui; depois, se quiser, troque e sente-se onde achar melhor, porém não incomode ninguém. Continuemos nossa aula.

Meu coração bateu forte, observei tudo, curioso e maravilhado. Os meninos, interessados, prestavam atenção, senti que eram amigos e gostei do meu novo mestre.

– Estamos falando, Raul, da imensa Bondade e Sabedoria de Deus, nosso Pai, que nos dá sempre oportunidades a cada reencarnação de melhorarmos e progredirmos.

"Nem todos os encarnados crêem na reencarnação. São muitas as formas de crença. Porque para os ateus, que não crêem em nada, o mundo surgiu ao acaso, como nós também surgimos. Não sabem explicar como tudo surgiu, têm muitas teorias; não crêem em Deus, mas no acaso. E, dentro desse acaso, há formas complicadas, chegando a um ponto em que não têm mais explicações. Para outros crentes, a maioria, Deus criou tudo e a nós também, só que acreditam que somos criados na concepção, juntamente com o corpo, tendo uma só existência. Fazem de Deus um carrasco, porque as diferenças ficam para o acaso: sorte ou azar. Uns são perfeitos, ricos, inteligentes; outros, defeituosos, débeis. Temos as oportunidades de renascer no corpo muitas vezes. O Pai nos criou iguais, somos nós que fazemos as diferenças. Criou-nos livres, temos o livre-arbítrio de plantar e, obrigatoriamente, temos de colher o que se plantou. Assim, as diferenças são explicadas pelas reencarnações e pela Lei de Causa e Efeito."

– Professor Eugênio – disse um dos meus colegas –, o desencarne precoce, ou seja, a morte do corpo, quando este é jovem, é uma colheita?

– Mário, nem sempre, não há regra geral na espiritualidade sobre esse assunto. A reencarnação é necessária ao nosso crescimento espiritual, estar revestido do corpo carnal não é fácil. Para uns espíritos é necessário passar pouco tempo encarnado para seguir às esferas superiores. Podemos comparar a Terra a uma prisão e a pena de cada um é diferente; uns têm algum tempo; outros, muito tempo. Findando, partem para sua libertação. Para outros, o desencarne no corpo jovem é aprendizado, colheita.

– Para mim foi uma colheita – disse Mário. – Achei tudo interessante!

O professor respondia às indagações com paciência e dedicação. Pensei: "Vou gostar mais desta escola que da outra que cursava como encarnado". O professor continuou:

– Para a maioria, é aprendizado, Mário. Estão aqui reunidos vocês que deixaram corpos de carne como jovens, mas que são espíritos adultos e de muitas existências, com erros e propósitos de acertos, tanto que todos têm histórias interessantes vividas e uma encarnação de colheitas de outras existências.

Olhei-o um tanto desconfiado e pensei: "Tomara que não saibam que meu pai matou meu corpo!"

O professor, entretanto, pareceu nem notar minha preocupação e continuou a aula falando da beleza da reencarnação, das oportunidades que cada um tem de reparar seus erros e aprender a amar a todos como uma grande família. Quando terminou a aula, os meninos ficaram conversando e, para meu alívio, ninguém me perguntou como desencarnei.

– Ei, Raul, conhece a biblioteca? Não? Venha conosco, poderá pegar os livros que quiser, todos nós estamos adquirindo o hábito de ler. Tem uma quantidade enorme de livros aqui.

A biblioteca fica na ala das salas de aula, é grande, espaçosa, com muitas estantes, todas cheias de livros.

– Já leu este? – indagou Tião. – Leia, que gostará. É a história de Jesus para jovens. É lindo!

Pelo corredor, vi que outras salas tinham professores diferentes, e Tião explicou-me:

– Somos orientados aqui conforme nossas necessidades. As salas de aula são agrupadas de acordo com as necessidades básicas de cada um.

No pátio despedimo-nos, a maioria seguiu para os alojamentos e outros seguiram para o portão. Vovó esperava-me.

– Então, Raul, gostou?

– Muito, vovó, gostei demais.

– Vim buscá-lo somente hoje. Tenho muito o que fazer, você é esperto, virá sozinho amanhã.

– Virei, sim, vovó, não quero incomodá-la, estou tão bem!

De mãos dadas, senti-me feliz, e estar desencarnado para mim era maravilhoso, eu queria agora aprender e conhecer.

APRENDENDO

Passei a ficar o dia todo na escola, assistia às aulas, com grande interesse, aprendendo gramática, matemática e outras matérias, como também as que nos davam explicações do plano espiritual. Íamos muito à biblioteca, e meu interesse cresceu em relação aos livros, passei a lê-los com gosto. Conversávamos no pátio e eu ia aos parques brincar com outros meninos. E quase todos sentiam saudade de seus antigos lares e de seus familiares. As horas de lazer eram agradáveis e eu me sentia sempre feliz. Amávamos o professor Eugênio, que para tudo e todos tinha uma resposta delicada e sábia. Aprendi com facilidade, como se recordasse;

uma das partes de que mais gostava era quando um dos colegas contava fatos ou mesmo a história de sua vida. E, aos poucos, fui percebendo que não tinha do que me envergonhar e esconder sobre meu desencarne.

Cada um de nós naquela classe tinha uma história incomum, conseqüências de erros de outras experiências.

Naquele dia, escutara Marcílio, que contara, comovido:

– Desencarnei assassinado. Vou narrar a vocês a história de minha vida. Meu pai desencarnou, deixando minha irmãzinha e eu bem pequenos. Logo após, minha mãe casou-se novamente. Meu padrasto nunca nos aceitou, minha irmã e eu passamos por momentos difíceis, mas fomos vivendo. Nasceram mais quatro irmãos. Morávamos num sítio, estava com onze anos, havia nesta época um potro bravo que ninguém conseguia montar. Naquele dia, estava a sós com meu padrasto no curral, vi-o laçar o potro e me desafiar:

"'Monte neste cavalo, menino.'

"'Eu não, ele é bravo!'

"'Tem medo? É covarde como seu pai.'

"Enfureci-me, mas nada respondi, aí ele me pegou e me jogou em cima do potro, que saiu pulando como doido. Ainda o escutei rir, fiquei apavorado, tentei me segurar, não consegui e caí. Senti ser pisoteado pelo potro, nada mais vi ou senti, acordei e soube que desencarnara. Aqui me senti feliz, o tempo foi passando e tudo parecia normal.

"Mas minha irmãzinha, um ano mais nova que eu, enfrentando dificuldades, começou a pedir-me socorro, chamando-me para ajudá-la. Como isso é normal por aqui, estamos sempre escutando dos meninos os comentários do que sentem, os pais chamarem de saudade ou por não se conformarem com seus desencarnes."

– É verdade, Marcílio – interferiu o professor Eugênio. – Tantos, por não entenderem o que seja a morte do corpo, desesperam-se diante do desencarne de um filho, neto, choram e chamam por eles, deixando-os intranqüilos e tristes aqui.

– Que devemos fazer diante desses problemas, professor? – indagou Lúcio.

– Orar, Lúcio, orar por eles, distrair-se e até pedir auxílio dos professores e orientadores, tomar passes e tentar se equilibrar nos momentos difíceis. O tempo ajuda e os entes queridos acabam tendo de enfrentar os problemas da vida, e o desespero dos primeiros tempos passa.

– Mas – continuou Marcílio – não era esse o meu caso. Só minha mãe e minha irmã sentiram meu desencarne, mas logo esqueceram. Todos acreditaram na história que meu padrasto contou, que eu dissera que iria montar no potro e que ia parar em cima dele, que ele ralhara comigo, proibindo, e que eu insistia, dizendo que ia ser um peão famoso. Quando ele me deixou no curral, ao escutar gritos, voltou depressa e encontrou-me no chão, já morto. Mas minha irmã chamava por mim em aflição, inquietei-me e contei ao professor; ele bondosamente propôs ajudar-me e fomos visitar meu antigo lar e saber o que ocorria com minha irmã. Tudo me pareceu do mesmo modo, mamãe com muito trabalho, preocupada com os filhos pequenos, e meu padrasto, como sempre. Olhei-o e senti dó, se minha desencarnação fora colheita, ele plantou e sua colheita viria. Leninha estava nervosa e com medo, o professor auscultou-a e soubemos que ela temia meu padrasto, que já tentara violentá-la e a queria como amante. Chorei ao saber disso, mas o professor Eugênio lembrou-me de que o momento exigia confiança e eu deveria estar tranqüilo para ajudá-la. Não sabia o que fazer, orei com fé, pedi a Jesus que protegesse Leninha. Mas, se não sabia como socorrê-la, o professor, sabia. Vendo que meu padrasto tinha uma úlcera no estômago, colocou algumas gotas de um medicamento que trouxera na água que ele tomou, fazendo com que doesse. Com dores, teve de ficar acamado e não sentiu disposição para fazer o que planejara.

"Vamos agora, Marcílio" – disse o professor –, "ver quem poderá ajudar Leninha".

Visitamos meus poucos parentes, inclusive uma tia, irmã de meu pai, que enviuvara recentemente e estava morando sozinha. O professor Eugênio, pacientemente, fez com que ela se lembrasse de Leninha para sua companhia. Minha tia gostou da lembrança e achou que foi Deus que a ajudou. Foi no outro dia à casa de minha mãe. Assim, pediu a minha mãe para Leninha morar com ela; minha mãe hesitou, o professor interferiu e ela deixou. O professor ajudou-me a resolver o problema de Leninha, que está feliz com minha tia e não me chamou mais. Hoje, conto tudo para agradecer ao professor pela ajuda que deu a mim e a minha irmã.

O professor sorriu e iniciou uma outra aula. Achei fantástico Marcílio ter voltado à sua casa e ter ajudado sua irmã, e pela primeira vez deu-me vontade de rever minha casa, sentia saudade de Pretinha, de Taís, de Telma, dos amigos e muita, muita saudade de mamãe.

Voltei para casa pensando nela. Como estaria?

Quando vovó me viu, foi logo dizendo:

– Que o preocupa, Raul?

– Minha mãe, estou pensando nela. Como estará ela? A queda foi forte e ela foi ferida com a faca. Estará bem? Difícil pensar que está encarnada. Sinto, vovó, ela chamar-me, parece que está chorando e que diz: "Raul, Raul, onde está você?" Faço o que o professor recomenda, oro por ela, procuro distrair-me. Acho que ela está sofrendo, vovó. Por favor, se a senhora sabe, diga-me como está ela.

– Raul, nestes poucos meses aqui, já aprendeu muito. Toma consciência da vida espiritual, desencarnou tendo o corpo de um menino, quase adolescente. Entretanto, seu espírito é adulto e aceitou bem a desencarnação. Você, Raul, foi um privilegiado, viu seu desencarne, isso é raro; viu, sentiu, por não ficar com medo, porque estava tranqüilo, sem raiva, sem fluidos negativos. Tantas pessoas de conhecimento querem ver seu desencarne e não o conseguem, perturbam-se com pequenas coisas, acontecimentos, com alguns erros, apegados à matéria. Até se libertarem desses sentimentos, passam pela desencarnação quase sempre dormindo e não a vêem. Você viu ser desligado, seu desencarne, aceitou, adaptou-se fácil e está feliz. Isso não ocorre com todos, não ocorreu com sua mãe. Minha filha Manuela desencarnou antes de você.

– Desencarnou? Por que não a vi? Não a vejo? Não está aqui?

– O desencarne pode ser de muitos modos. Não é igual para todos. Tudo é muito justo, temos que receber o que fizermos por merecer.

"Poucos encarnados pensam na morte do corpo, vivem nas facilidades e errando. Entretanto a religião ensina-nos o bem. Todas as religiões, Raul, pregam a necessidade de sermos bons, para que evitemos as más ações, e sobretudo perdoar, perdoar sempre. As religiões cristãs dão-nos grandes exemplos nos Evangelhos, na vida de Jesus, que perdoou na cruz aos que lhe quiseram mal. Esses ensinos maravilhosos são muito esquecidos e os orgulhosos se ofendem muito com as más ações que recebem, e não perdoam. O rancor, o ódio, são pesos que os seguram na Terra; não perdoando, não podem vir para cá. Manuela não perdoou. Ao cair, seu corpo morreu, seu espírito ficou junto ao corpo, não como aconteceu com você. Seu corpo ficou horas vivo, quando acordou do desmaio, tomou consciência de tudo. Manuela, não; dormiu para acordar mais tarde."

– Perguntei à senhora se haviam nos achado, e disse que sim. Como foi?

– Quando desapareceram, houve buscas, dois dias depois os encontraram e os enterraram. Manuela, ao acordar, achou que estava ferida. Viu seu corpo e entendeu que você morrera, porém ela não. Quando os tiraram do poço, conseguimos tirá-la de seu corpo. Ficou confusa. Para ela, está encarnada e chora por você que morreu. Não menti a você, dormiu por dias no hospital. Quando lhe respondia, já haviam tirado vocês do poço. Você achou que Manuela estava encarnada, deixei que pensasse assim para não preocupá-lo e para que pudesse se adaptar bem aqui.

Não consegui falar mais, senti-me triste e chorei. Vovó abraçou-me, consolando-me, percebi que também sofria e estava preocupada com mamãe, que era sua filha e a quem amava muito. Esforcei-me, parei de chorar, beijei vovó.

– Vovó, eu estava tão feliz. Agora como continuar sendo? Sabendo que mamãe sofre, não conseguirei ser alegre.

– Raul, estar aqui é uma graça que devemos agradecer sempre. Estar aqui não é um privilégio, é merecimento. Se você não tivesse perdoado a seu pai, se não tivesse sido bom, não estaria aqui. A Lei do Universo é que semelhantes se atraem, somos levados após a morte do corpo para onde fizermos por merecer. Manuela conhece a lei do perdão, conhece o Evangelho, a vida do Mestre Jesus, entretanto, não segue seus ensinos, recusa-se a seguir os bons exemplos. Não pode ser socorrida, não aceitou o socorro, não quis perdoar e não pude trazê-la. Todos nós que estamos aqui, Raul, temos entes queridos que nos preocupam, a vida continua. Aqui estudamos, trabalhamos, continuamos a educar-nos, porém não perdemos a individualidade, a consciência de nossa última encarnação. Não deixamos de amar e nos preocupar com nossos entes queridos. Sua preocupação é normal, ama sua mãe; entretanto, não deve se entristecer, porque tristeza nada resolve. Vibre com carinho, ore por ela, mande-lhe pensamentos de otimismo, que conseguiremos ajudá-la. Sempre que posso vou até ela, procurando fazer com que compreenda e perdoe."

– Como está ela, vovó? Seu aspecto? Eu desencarnei, deixei o corpo machucado e fiquei sadio. E ela?

– Manuela está como desencarnou. Sente dores nos ferimentos, está suja e com o ferimento da faca a sangrar. Seu perispírito machucou-se com a carne por não ter perdoado, por não querer ser humilde. Ela vaga pela redondeza, repete sem parar que quer se vingar, que odeia o esposo por tentar matá-la e por ter matado você. Não quer nem pensar em perdoar. Para perdoar temos de ser humildes; orgulhosa, acha que foi muito ofendida. Está ferida pelo reflexo da morte do corpo, que lhe foi muito forte. Isso é comum, muitos desencarnam assim, ou por culpa pelos muitos defeitos, sofrem anos e anos, só sendo socorridos quando clamam por socorro e reconhecem seus erros. Nesse sofrimento pedem a morte, sem saber que já têm essa graça. Socorridos, têm necessidade de fazer um tratamento para refazer seu perispírito nos núcleos de socorro, nos hospitais daqui.

– Vovó, quando a senhora vai até mamãe, ela a vê?

– Não, Raul, Manuela não me vê, está obcecada pela idéia de vingança, não vê mais nada. Sua vibração é baixa e inferior pelo ódio que sente; julgando-se encarnada e sabendo que desencarnei, terá medo de me ver. Raul, para sermos felizes, basta-nos tão pouco e, como depende de nós, às vezes basta perdoar com sinceridade e pedir perdão.

– Vovó, a senhora foi ajudar-nos. A senhora sabia antes, ou ficou sabendo na hora em que caímos? Aqui a gente sabe das coisas que vão acontecer?

– Não nos tornamos adivinhos, Raul. Do futuro só podemos entender os resultados; vendo as ações, sabemos das reações. Não sabemos o que vai acontecer, mas sabemos das intenções. Sabia pelos pensamentos do seu pai o que ele planejava; ficou dias pensando como fazê-lo. Tentei, de todos os modos possíveis ao meu alcance, mudar seus pensamentos. Temos o nosso livre-arbítrio e não podemos interferir na liberdade do próximo. No passeio, tentei ajudá-los, fazendo com que outras pessoas os vissem, fossem com vocês; não consegui, só você desconfiou, mas inocente como era, não entendeu as atitudes de seu pai.

"Acompanhei sua agonia e, graças a Deus, pude retirá-lo do corpo logo que este morreu."

– Foi corajosa, vovó. A senhora dizia que queria desencarnar para ter sossego, para não saber dos muitos problemas dos filhos e netos. Aqui se preocupa com todos nós, sabe de todos os problemas e dificuldades, vê vovô sofrendo, mamãe neste estado e está sempre alegre a sorrir. Admiro-a!

– Raul, aqui aprendi a confiar, sei com certeza que nenhum estado é eterno; ora estamos aqui desencarnados, ora revestidos da carne, encarnados. As oportunidades de melhorar são para todos. Sei que chegará um dia em que meu esposo se arrependerá de seus erros, que minha filha perdoará, e que os terei junto de mim, novamente. Lembre, Raul, que tristezas não ajudam, só atrapalham; devemos ser alegres, alegria é um estado, é um modo de ser que devemos conquistar.

Vovó calou-se. Necessitando ainda de descanso, despedi-me dela, abraçando-a carinhosamente. Fui para meu quarto e orei, orei muito por nós e dormi. A prece sincera nos dá a tranqüilidade necessária.

ESCUTANDO AMIGOS

Fui à escola pensando na conversa que tivera na véspera com vovó. Será que eu não posso ajudá-la? Será que não há um modo de ajudar mamãe?

O professor Eugênio iniciou a aula. Tentei esquecer minhas preocupações e prestar atenção às suas explicações, mas não consegui, só pensava em mamãe sofrendo, andando de um lado para o outro, machucada e chorando por mim.

Logo, o professor Eugênio indagou:

– Que se passa com você, meu rapaz? Que o preocupa a ponto de estar tão distraído e pensativo? Podemos ajudá-lo?

– Não – respondi de imediato.

Olhei para meus colegas, eles observavam-me carinhosamente, ninguém estava curioso, vi nas suas fisionomias compreensão. Lembrei que estávamos reunidos naquela sala de aula, considerada especial no Educandário, por termos problemas incomuns. Nesse tempo em que freqüentara a escola, só recebi amizade, carinho, ninguém indagara minha vida, como desencarnei. Confiava neles, respeitava a sabedoria e a simplicidade do professor Eugênio, gostava muito de todos. Naquele momento senti vontade de falar, mas estava indeciso. O professor esperou pacientemente por minha resposta; vendo-me tão incerto, continuou:

– Se não quiser falar o que o preocupa, não precisa; não tenho a intenção de ser indiscreto. Aqui estou para ajudá-los, sou amigo de todos vocês, de você, Raul, e amigos são para ajudar quando necessitamos. Todos nós passamos por experiências várias, dificuldades que, repartidas, são mais bem suportadas, ou, se esclarecidas as incertezas, torna-se mais fácil a solução, e aqui estou para esclarecê-los.

Deu-me um sorriso tão cheio de carinho que levantei da minha mesinha, corri para seus braços, emocionado, deixei que as lágrimas molhassem meu rosto. Meus colegas davam-me força com seus olhares; desprendendo dos braços do professor, falei:

– Minha vida encarnada foi diferente, assim pensava até que ouvi as narrações de vocês. Confesso que temi que soubessem como desencarnei. Agora quero narrar minha vida.

Fui falando, contei toda minha vida, ninguém ousou fazer nenhum comentário, todos estavam silenciosos prestando atenção. Ao falar do meu desencarne, senti-me meio engasgado, mesmo entre amigos não era fácil dizer que fora meu próprio pai quem matara meu corpo físico. Ao terminar, já me senti bem melhor, fiz uma pausa. O professor Eugênio olhou-me, incentivando-me a continuar. Sabia que não era meu desencarne o motivo de minha preocupação.

– Continue, Raul – disse carinhoso, e senti que todos me compreendiam e estavam com vontade de ajudar.

– Mamãe não perdoou, ela odeia meu pai, quer se vingar. Eu fui socorrido, ela não tem condições, vibra com ódio e rancor. Amo mamãe, amo a todos os meus, ela sofre e eu me preocupo com ela. Vovó está tentando ajudá-la, queria poder fazer algo por ela. Sei com certeza que, se pudesse falar com mamãe, ela me escutaria. Ela me quer bem, sofre porque morri, e não sabe que desencarnou. Se ela me visse, faria com que entendesse, pediria para que perdoasse; ela, perdoando, poderia ser trazida para cá. Sinto-me triste por isso. Por minha vida, não; gosto daqui e para mim tudo está bem. Meu pai matou-nos, mas sinto que ele deve ter seus motivos, talvez nenhum que se justifique, mas quero-lhe bem e ele não me preocupa, perdoei-o de coração. Mamãe é diferente, sempre foi boa, trabalhadeira, religiosa. Desencarna e fica sofrendo assim, por que não consegue perdoar?! Vovó disse-me que está como desencarnou, suja, machucada, ensangüentada, falando em se vingar, com ódio. Meus amigos, professor, eu queria ajudá-la, queria tanto, sinto que conseguirei; desencarnamos juntos do mesmo modo, sofrendo dores parecidas, terei argumentos para convencê-la...

Dei por finalizada minha narrativa e fui sentar-me no meu lugar. O professor Eugênio continuava tranqüilo, ele conhecia detalhes da vida de cada um de nós; sendo discreto, esperava que nós mesmos disséssemos, e sabia como nos ajudar. Mas, sabiamente, ensinava-nos a mais bela lição, a de nos ajudarmos uns aos outros.

– Compreendo você, Raul; vamos ajudá-lo. Quem de vocês quer dizer algo ao amigo que nos confia seus problemas?

Três dos meus companheiros levantaram a mão.

– Muito bem, vamos escutá-los, apresentem-se um de cada vez, e prestemos atenção.

– Raul – disse Mário –, foi triste o que aconteceu com você. Episódios tristes só devem ser lembrados para servir de estímulo e nos manter firmes na estreita porta do bem. Porque agora compreendemos que a dor é reação das más ações. O que deve importar a você é seu futuro, o que pretende fazer e ser. Quanto à sua preocupação, mantenha a esperança, os períodos de sofrimento não são eternos e passam. O tempo trará melhoras à sua mãezinha e ela progredirá.

"Raul, falarei de mim para dar-lhe conforto e esperança. Não faz muito que estou aqui, tinha três anos de desencarnado quando fui trazido para cá.

"Ah! Minha vida encarnada! Fui criado solto nos arrabaldes de minha cidade natal, meu pai estava sempre bêbado e minha mãe constantemente envolvida com más companhias, só tive maus exemplos. Cresci vendo marginais, tendo dinheiro fácil, sendo, por medo, respeitado pelos moradores e tendo amigos ladrões. Com dez anos, participei de pequenos furtos, e minha mãe, incentivando, dizia que eu ia longe.

"Sentia às vezes que estava errado, que deveria ir embora, trabalhar, ter vida honesta. Tantas vezes sentia insatisfação daquela vida, porém passava rápido, aquela era a única forma de viver que eu conhecia.

"Estava com treze anos, fomos assaltar uma padaria, o assalto não saiu bem como planejamos. O dono conseguiu chamar a polícia e fomos perseguidos, fugimos, resistimos à ordem de prisão, jogando pedras nos soldados; eles atiraram, uma bala atingiu-me e desencarnei. Não usava armas, roubar para mim era aventura, ganho fácil, nunca pensava em matar ninguém e nunca pensei em morrer. Desencarnei sofrendo muita dor e, por muito tempo, continuei sentindo. Nem minha família nem amigos se importaram com o que aconteceu comigo; logo todos me esqueceram. Ao meu enterro, só foram minha mãe e umas amigas, nenhuma oração. Revoltei-me, não quis acreditar quando espíritos zombadores disseram que meu corpo morrera; socorristas conversaram comigo, pedi socorro, levaram-me a um posto de socorro, onde curaram meu ferimento. Não quis ficar lá, tinha disciplina demais para mim. Vaguei, inconformado com minha sorte, fui ter nos umbrais, sofrendo mais ainda entre os maus. Cansei, arrependi-me e quis ter outro tipo de vida, quis com sinceridade ser bom e fui trazido para cá. Entendi que sem disciplina não há ordem nem organização e que é gostoso ser ordeiro. Hoje, estou bem. Preocupo-me com meus pais, com antigos companheiros, todos no caminho do mal, mas sei com certeza que voltarão ao bem um dia. Os sofrimentos, Raul, são lições que aprendemos pela dor, quando nos recusamos a aprender pelo amor. Sua mãe sofre por não ser humilde, por não aceitar o que lhe aconteceu, julgando-se não-merecedora da infelicidade que lhe ocorreu.

"Para tudo há explicações, embora não entendamos as causas dos sofrimentos por que passamos. Devemos aceitá-los acreditando serem certos, porque Deus é justo e devemos n'Ele confiar."

– Você, Mário, sendo criança, vagou? Sofreu o que minha mãe sofre? – indaguei curioso.

– Não confunda criança com inocência. Meu corpo era novo, não eu, propriamente; sou espírito milenar, de inocência nada tinha. Sabia que procedia errado, achei mais fácil seguir os exemplos dos que me rodeavam do que me corrigir. Inocentes, estes não vagam. Como fui socorrido e agora sou orientado, sua mãe também será um dia. Não tenho vergonha de minha vida, quero mesmo é modificar-me. Você, Raul, desencarnou sem culpa; eu, com muitos erros e vícios. Você não deve ter dó de você mesmo, fuja da autopiedade, muito tem de aprender e construir. Eu tenho me esforçado, aconselho você a fazer o mesmo.

– Obrigado, Mário – disse comovido –, acho que você não deve se aborrecer por seus erros, afinal, foi a educação que recebeu. Isso foi levado em conta, Jesus disse: "A quem muito foi dado, muito será pedido. O servo que não sabe das coisas do seu senhor e errou é digno de poucos açoites".

– Por isso fui socorrido, meu amigo, mas, se encarnei ali foi por afinidades, por merecer. Recebemos no presente o que fizemos no passado.

Mário finalizou, o professor Eugênio sorriu, aprovando seu pupilo, e disse:

– Fale você agora, Adão.

– Raul, todos nós aqui, moradores ou hóspedes deste Educandário, temos histórias interessantes referentes ao nosso desencarne. Já observou, meu amigo, que somos um grupo um pouco diferente dos demais jovens daqui? Os outros têm vários professores, são mais saudosos de seus lares, mais infantis. Nós, aqui, parecemos mais adultos e conscientes de nossos erros e acertos. Temos um professor especial, sábio, amoroso, a ajudar-nos sempre com sua experiência e bondade. Não deve se preocupar nem se envergonhar com sua desencarnação. Desencarnações trágicas acontecem sempre, todos os dias, e você não é o único a ter o corpo morto pelo pai. Há muitas dessas infelicidades, pais que matam filhos, filhos que matam pais. Deve esquecer, não pensar neste episódio triste. Admiro você, Raul, sua capacidade de perdoar e sua compreensão; sua coragem é lição para todos nós. Mas, se não tivesse perdoado, estaria sofrendo. Pelo que aprendi, o algoz também sofre. Plantou e terá de colher. Sofre também a vítima que não perdoa.

– É verdade, Adão – interferiu o professor com delicadeza. – Quem odeia e não perdoa sofre muito. O perdão é o refrigério das almas perseguidas e ofendidas. Perdoando, desligamo-nos de quem nos ofendeu, ódio é vínculo que prende um ao outro, trazendo muitos infortúnios. Estou contente a escutá-los, por favor, continue.

– Raul – prosseguiu Adão –, aceitamos melhor o que compreendemos e para cada uma destas desencarnações trágicas há uma explicação. Você sente isso ao nos dizer que lhe parece justo. Entretanto, não havia necessidade de seu pai ser o assassino, de cometer esse duplo crime. A meu ver, sua mãezinha, sendo boa e honesta, acabará entendendo, mas deve ajudá-la; acho-o bondoso por preocupar-se com ela, pois, se ela não conseguir perdoar, o círculo não se quebra e talvez, no futuro, será ela a assassina.

Após pequena pausa, indagou:

– Professor, o "não perdoar" é conseqüência do ódio? Por que teria o pai de Raul assassinado tão friamente se não os odiasse? – Sem esperar pela resposta, concluiu: – Nada fez ele nessa existência que o ofendesse, deduzo. Na Terra estivemos revestidos do corpo carnal, muitas vezes; assim, já estiveram juntos, ele pode ter sido ofendido e não perdoou. Se não se quebrar esse círculo, teremos sempre um algoz e uma vítima. Vejo a necessidade de ajudar sua mãe e de você se preocupar com seu pai, sim, porque ele odeia, e esse ódio deve acabar. Ele também não perdoou e deve perdoar.

– Sinto isso, Adão. Disse-me o que necessitava ouvir. Quando estou às vezes sozinho, lendo ou meditando, parece-me que sou outro. Ou há outro em mim, não sei bem. Vejo-me como um homem, um adulto muito mau que planeja matar; ora sinto que matei! São cenas que não entendo, mas que tenho certeza de que as vivi. Seriam lembranças do passado? Vovó diz que sim, mas também diz para não me preocupar agora com isso. É com mamãe que me preocupo. Você, Adão, tem razão, se mamãe não perdoar, acabará se vingando e este laço de ódio não acabará. É necessário acabar com as mágoas e reconciliar-se. Queria tanto que ela entendesse, perdoasse e estivesse aqui comigo.

– Deve confiar, Raul – continuou Adão –, aqui estamos cercados de pessoas boas demais. O professor Eugênio ajuda-nos sempre, leva-nos a visitar parentes, pais que choram aflitos, chamando-nos desesperados, deixando-nos inquietos, angustiados aqui. Ajuda-nos a consolá-los, lembrando-os da Misericórdia Divina, que Deus é Pai de todos nós, que antes de sermos filhos deles somos filhos de Deus e que somos todos realmente irmãos. Ajuda-nos a conviver com a saudade, não deixando que ela nos entristeça. Todos nós, aqui, temos problemas, solucionados com a ajuda do professor. Confie, Raul, confie, ore e terá sua mãezinha aqui, muito em breve, se Deus quiser."

– Obrigado – disse-lhe agradecido.

Comecei a mudar. Preocupações contadas a amigos são repartidas. Senti-me aliviado, reconfortado e esperançoso. Passei a entender que estávamos presos, papai, mamãe e eu, pelo ódio. O círculo se desvincularia com o perdão e cabia a mim ajudá-los. Confiava na ajuda que teria e que estava tendo ali, escutando colegas e amigos.

Levantou-se meu terceiro companheiro.

– Raul, meu amigo.

Começou a narrar o risonho Tião. Seu aspecto era franzino, moreno-claro, com olhos inteligentes e expressivos. Pensei: "Deve ter sido feio quando encarnado, mas simpático". Todos nós gostávamos dele. Simples e leal, cativava a todos e talvez por isso me parecesse tão bonito. Deixei para lá minhas impressões e prestei atenção a ele, que continuou a se expressar com sua voz harmoniosa.

– Sinto muito por você estar sofrendo e triste, embora ache que estar preocupado com quem ama é sinal de amadurecimento, o começo para que no futuro se preocupe com a humanidade, já que todos somos irmãos. Vou contar-lhe minha história, para que você entenda que ajuda sempre temos, que todo sofrimento é justo e, se soubermos sofrer, aprenderemos muitas lições.

"Desencarnei meninote, doze anos, com câncer generalizado. Meu corpo carnal apodrecia, cheirando mal, fazendo-me sofrer muito. As pessoas que me viam comentavam penalizadas: 'Menino ainda, sofrendo assim!'

"Éramos muito pobres, tinha sete irmãos, meu pai era lavrador e minha mãe lavava roupas de freguesas para ajudar nas despesas de casa. Morávamos numa cidade pequena, sem recursos, e nosso lar ficava no subúrbio, era pequeno: quarto, sala e cozinha. Fiquei doente com nove anos, mamãe primeiramente deu-me os chás caseiros, sem resultado. Como não havia médico na cidade, levou-me ao farmacêutico. O senhor Zezinho da farmácia não tinha estudos, mas entendia bem de doenças.

"Não sabia o que eu tinha, entendeu que era grave, deu-me remédios, mas fui piorando, até que, sem forças, não me levantei mais do leito e a vida física foi se extinguindo aos poucos. Sentia muitas dores, nas crises pensava sempre que ia morrer, chorava e gemia, e minha mãe, sempre comigo, chorava junto. Minha mãe, caro amigo Raul, foi sempre um anjo de ternura e carinho, tudo fez para amenizar meu sofrimento; entendendo que sofria por mim, para não vê-la triste e chorando, suportava as dores sem me queixar e tudo fazia para não gritar.

"Uns dias antes de desencarnar, senti-me diferente, estava tonto, confuso, parecia ver outras pessoas e ouvi-las conversar. As dores foram amenizando, estivera em estado de coma por dias e me desliguei devagarzinho da matéria. Dormi e acordei aqui no hospital, dias depois. Socorristas trouxeram-me e muito me ajudaram. Acordei e senti-me aliviado sem as dores. Disseram-me que desencarnara, suspirei agradecido por estar livre do meu padecimento. Recuperei-me rápido, queria sarar e minha resignação e fé em Deus ajudaram-me muito. Tendo alta do hospital, fui trazido para o alojamento da escola, pois não tenho parentes aqui. Fiz logo muitas amizades. Meses depois, passei a sentir imensa saudade de casa, de minha mãe, comecei a sentir-me abandonado e sozinho. Trazido para estudar nesta classe, o professor Eugênio tudo fez para que me integrasse na nova forma de viver e prestasse atenção às aulas. Mas a saudade que alimentava doía e a vontade de estar perto de minha mãe atormentava-me. O professor Eugênio bondosamente me levou para visitá-los, para que pudesse vê-los. Fiquei contente, emocionado volitei com o professor pelos campos e pela minha cidade. Ao avistar meu antigo lar, meu coração bateu forte.

"'Professor Eugênio, como mamãe ficará contente em me ver curado!' – disse-lhe, comovido.

"'Tião, não se esqueça do que aprendeu, nenhum dos seus familiares poderá vê-lo.'

"Achei impossível, claro, pensei que iam ver-me. Entrei confiante e alegre no meu antigo lar. Ninguém estava em casa. Notei pela primeira vez como éramos pobres, tínhamos tão pouco, mas tudo era limpinho. Minha cama não estava mais no canto da sala. Papai, mamãe e meus irmãozinhos dormiam no quarto e os maiores, na sala. As camas eram poucas e dormiam dois ou três numa cama só; eu, desde que fiquei doente, dormia sozinho no canto da sala, por ser mais arejado. Logo escutei conversas, estavam chegando; alegre, esperei que entrassem.

"Mamãe e meus irmãos entraram, ela havia ido entregar roupas com os pequenos e os maiores voltavam da escola.

"Agiram normalmente. Em pé fiquei na frente deles a sorrir. Que desilusão! Não me viram, senti doer o peito, o meu sorriso apagou-se. Via-os perfeitamente, escutava-os e eles não me viam nem me ouviam. Olhei para o professor Eugênio e ele sorriu, animando-me; entendi, ele me avisara, eu não quisera entender.

"'Tião' – disse bondosamente –, 'ao ter seu corpo de carne morto, é um espírito revestido de perispírito e os encarnados não o vêem, exceto os médiuns encarnados e videntes, o que não é o caso de nenhum de seus familiares. Poderá vê-los, saber deles, mas não lhes falar, nem eles a você'.

"Suspirei e pensei que, já que era assim, eu devia aproveitar para saber deles e matar minha saudade.

"Mamãe tirou um dinheiro do bolso e colocou dentro de um jarro, como sempre fazia, dizendo, cansada: 'Teremos este mês dinheiro para pagar o senhor Zezinho da farmácia, homem bom aquele, vendeu-me fiado para que meu Tião tivesse remédio. Ainda bem que não pagamos para morar nesta casinha e o dono do terreno não nos incomoda. Ainda mais agora sem o dinheiro de seu pai. Faz quatro meses que ele foi embora e não deu mais notícias'.

"'Foi embora no dia em que Tião morreu' – disse um dos meus irmãos.

"'Que saudade do meu filho!' – exclamou mamãe com lágrimas nos olhos.

"'Mamãe, não chore' – disse Vanda, minha irmã mais velha. – 'Tião estava tão doente, coitadinho! Era tão bonzinho, ele foi morar com os amigos no céu. Padre Anselmo disse que ele está fazendo milagres. Muitas pessoas já cumprem promessa na sua cova'.

"'Meu filhinho santo!' – disse minha mãe a sorrir.

"'Se ele ajuda a estranhos, vai ajudar-nos também, ele fará com que eu e Mané arrumemos emprego para podermos ajudar aqui em casa' – falou meu irmão.

"Pelas conversas deles, soube que meu pai, há tempos, abandonara minha mãe, fora morar com outra mulher e proibira que me dissessem; ele ia ver-me e dava dinheiro para mamãe, mas, com minha desencarnação, mudou-se de cidade e ninguém mais soube dele.

"Fiquei com eles duas horas, o tempo que me foi permitido. Voltei chorando, queria ficar, ajudá-los, queria ficar com minha mãe... Aqui, colegas ajudaram-me, aconselharam-me, procurando fazer com que entendesse que minha vida agora era diferente e que deveria aproveitar as lições que recebia.

"Mas, qual o que, estava triste, aborrecido, chorava à toa.

"Passados uns dias, o professor Eugênio me disse:

"'Tião, conselhos, conversas não adiantam para você; verá aqui nesta tela imagens projetadas dos acontecimentos de sua casa'.

"Todos na classe assistiram, acompanharam com respeito a lição que eu recebia. Emocionado, vi minha casa, minha mãe e irmãos, e eu doente na cama. Eram cenas que eu vivera na carne.

"'Observe, Tião' – disse o professor Eugênio, esclarecendo os acontecimentos que víamos –, 'sua mãe está exausta, veja suas mãos, grossas, cheias de calos, trabalha muito, levanta cedo, tem muito o que fazer; além do serviço de casa, lava roupas para freguesas. Faz a comida e há pouco o que comer, primeiro ela leva para você. O farmacêutico disse que você precisava comer bem, seus irmãos olham você comer com água na boca, eles têm fome, repartem o que sobra. Você sofre, sofreu, porém ela sofreu mais, ama você, mas ama também os outros filhos. Chega a noite e ela vai se deitar, há tempos não dorme direito, você amola, quer água, tem dores, ela levanta-se muitas vezes durante a noite, não se queixa, procura na prece coragem para continuar. Seu pai, espírito fraco, saiu de casa, está cansado, quer aventuras, foi morar com outra mulher, mas vem lhe visitar e você nem percebe que ele foi embora. Você está preocupado com suas dores, em ser servido, não agiu errado não, Tião. Teve realmente dores atrozes, menino ainda, queria a mãe para si, e ela, abnegada, largava tudo o que estava fazendo para estar com você, para atendê-lo.

"'Desencarnou menino nesta encarnação, puro de sentimentos, sem erros, foi socorrido, logo estava curado e bem. Porque o sofrimento do corpo suportado com resignação é cura do espírito. Continuemos agora, Tião. Observe seus irmãos, são desnutridos, fracos, anêmicos e sempre o atenderam de boa vontade; embora crianças, respeitaram seu sofrimento.

"'Sua mãe trabalha muito, lava roupa o dia todo, sua irmã mais velha está empregada como doméstica. O dinheiro é pouco, não dá para sustentá-los, sua mãe recebe o que sobra da comida de suas freguesas, a quem agradece, comovida. Necessita de dinheiro para pagar dívidas que contraiu com sua doença, para que não lhe faltassem remédios, para amenizar suas dores. Após seu desencarne, passaram a alimentar-se melhor, sua mãe já não necessita levantar-se à noite e não tem mais suas roupas para lavar, porque você sujava sempre a cama. Não acha, Tião, que já deu muito trabalho a ela? Por que voltar lá?

"'Sabe bem que voltando sem autorização, sem uma preparação adequada e sem os fluidos salutares daqui, logo se perturbaria e se sentiria doente; necessitando de energias, passaria a vampirizar seus familiares. Nessa troca de energias você só lhes faria mal. Tião, eles têm de continuar vivendo e você também. Liberto da carne, você foi chamado a viver aqui, eles têm de continuar encarnados até chegar a hora de cada um voltar. Você viu que a vida não está fácil para eles, não queira prejudicá-los com sua presença sem preparo. Procure, sim, viver bem aqui, aprender para poder ser útil a você mesmo, aos seus e a todos os que o cercam.'

"O professor Eugênio desligou a tela, sentando-se, e na sala se fez completo silêncio. Entendi que o professor mostrou os acontecimentos para alertar-me e, não podendo conter-me, chorei, porém meu choro foi diferente, não era mais com dó de mim, era de vergonha. Ninguém me interrompeu; por alguns minutos as lágrimas caíram abundantes, reagi, tentando sorrir, disse: 'Não quero mais dar trabalho aos meus. Não quero! Entendo agora que só tenho de agradecer, vou ser compreensivo e não vou chorar mais, prestarei atenção às aulas e, só quando puder ajudar, pedirei para voltar a vê-los'.

"'Muito bem' – disse o professor Eugênio, – 'ter vontade de ajudar é maravilhoso, incentiva-nos a aprender. Você não sabe, mas eu sei e poderei ajudá-los por você. Voltaremos ao seu lar, Tião, e ajudaremos sua mãe e irmãos'.

"Raul, não sei explicar a alegria e gratidão que senti naquele momento, aguardei ansioso o dia marcado para nossa volta. O dia esperado chegou, prometi a mim mesmo não chorar e obedecer em tudo ao professor, e o fiz. O professor Eugênio fizera antes um balanço da situação financeira dos meus, de quanto mamãe recebia, de quanto devia, e quanto minha irmã, a única que trabalhava, ganhava.

"'Vamos, Tião, ao emprego de Vanda, comecemos ajudando-a.'

"Fomos ao seu emprego. A mulher para quem Vanda trabalhava era de meia-idade, bem vestida, naquela hora almoçava com o esposo. O professor Eugênio aproximou-se dela, intuiu-a e, como que por encanto, ouvimo-la dizer ao marido: 'Vou aumentar o ordenado de Vanda e ajudá-la mais, ensinando o serviço. Também vou dar-lhe roupas, anda tão mal vestida, minhas amigas podem comentar. Também vou logo mais perguntar a Zenira se ela quer ficar com a irmã dela para pajem, a meninota procura emprego'.

"Acabou o almoço e saiu, fomos juntos à casa da amiga e acertaram o emprego para a minha outra irmã.

"'Pronto' – disse o professor –, 'mais uma de suas irmãs está empregada, isso significa que comerão bem, ganharão roupas, sapatos, e ajudarão sua mãe. Vamos agora ver emprego para os outros irmãos. Vamos à farmácia, visitaremos o senhor Zezinho, que muito ajuda sua mãe'.

"Ao chegarmos à farmácia encontramos dois desencarnados que nos cumprimentaram, e o professor esclareceu-me: 'São dois amigos, socorristas que trabalham na ajuda aos encarnados'.

"Sorri, admirando-os, um deles dirigiu-se a mim:

"'Você é Tião? Acabamos de fazer um auxílio em seu nome. A filha do farmacêutico estava doente, ele pensou que fosse um câncer. Ele e a esposa fizeram uma promessa, pediram a você que a ajudasse, se não fosse câncer ele perdoaria a dívida de sua mãe. Viemos ajudá-los, era somente um espírito trevoso atormentando-a, afastamo-lo sem problemas, a menina melhorou. Levaram-na ao médico na cidade próxima, fez os exames e hoje chegaram os resultados: a menina nada tem.'

"'Que bom!' – exclamei, contente. – 'Como lhes agradeço. Grande ajuda deram também à minha mãe, melhora a vida dos meus. Obrigado. Olhem, lá vem ela'.

"Mamãe muito sem jeito entrou na farmácia, torcia as mãos, envergonhada. Antes que o senhor Zezinho lhe dissesse algo, foi explicando:

"'Mandou me chamar, senhor Zezinho? Não tenho o dinheiro agora para dar ao senhor, no fim do mês dou-lhe mais, vou pagar tudo ao senhor.'

"'Dona Cida' – disse o farmacêutico –, 'a senhora não me deve mais nada'.

"Contou tudo a mamãe, a promessa, a filha curada. Mamãe chorou emocionada. O senhor Zezinho pegou o caderno, abriu na página da conta de minha mãe e escreveu bem grande: Pago!

"'Obrigada, senhor Zezinho, fica o favor, este não se paga, só Deus!' – disse mamãe, agradecida.

"O professor Eugênio aproximou-se do senhor Zezinho, olhou-o profundamente e ele, calmamente, pegou na prateleira uns fortificantes e vermífugos e deu a mamãe.

"'Aqui estão, dona Cida, estes remédios; dê para os outros filhos.'

"'O senhor é um homem bom. Obrigada.'

"'De nada, dona Cida, foi seu filho quem curou, com a graça de Deus, minha filha. Sou grato a ele, sofreu tanto aqui, é santo lá no céu.'

"'Senhor Zezinho, estou procurando emprego para meus dois meninos maiores, são pequenos ainda, mas precisam aprender a trabalhar e ajudar-me. O senhor sabe, depois que meu marido foi embora, o que ganho não dá nem para nos alimentar.'

"'No armazém da esquina estão precisando de um menino.' O professor Eugênio continuou olhando-o, procurando intuí-lo a ajudar-nos e o senhor Zezinho, pessoa boa, honesta, bom cristão, recebeu a intuição e mais, atendeu. 'Vou lá com a senhora, sou amigo do dono, pedirei a ele. Vamos.'

"Foram. Deu certo; num instante acertaram tudo, meu irmão não ia ganhar muito, mas almoçaria no emprego e aprenderia a trabalhar.

"Mamãe estava muito contente e o senhor Zezinho fez mais ainda:

"'Vamos passar por minha casa, dona Cida, seu menino precisa vir ao emprego bem vestido, vou dar-lhe umas roupas dos meus filhos para a senhora vesti-lo melhor.'

"Mamãe voltou para casa muito contente, esperançosa, e eu me senti feliz, em paz, grato, muito grato, ao professor Eugênio. Aquela noite foi de festa em minha casa. Ganharam roupas, Vanda foi aumentada e mais dois trabalhariam. Mamãe reuniu todos após o jantar, orou agradecida, e disse no final da prece:

"'Meu Tiãozinho está fazendo milagres, curou a filha do senhor Zezinho, e também nos ajudou. Tudo o que recebemos hoje é ajuda dele que, lá no céu, não se esqueceu de nós. Obrigada, meu Deus, e obrigada também a Santo Antônio.'

"Segurei as mãos do professor, procurando equilibrar minhas emoções. Não chorei, presenciando todos aqueles acontecimentos, queria mais era crescer, ser útil, e falei ao professor: 'Regressemos, professor, as aulas nos esperam'.

"'Ainda não, Tião, receberemos um amigo. Ei-lo! É um dedicado médico espiritual, ele medicará a todos os seus e com os remédios que ganharam ficarão mais fortes e sadios.'

"O doutor Aníbal era simpático e risonho; após cumprimentá-lo agradeci, e ele logo passou a trabalhar.

"'Vamos, Tião' – disse o professor Eugênio. – 'Jairo, seu irmão, pode trabalhar também, vamos pedir mais esta ajuda'.

"Saímos de casa e logo encontramos os dois socorristas e o professor pediu-lhes:

"'Será que não podem ajudar o outro irmão de Tião a achar um trabalho?'

"'Claro que sim, faremos o possível, com satisfação.'

"'Então, Tião? Como se sente agora?' – indagou o professor.

"'Estou feliz e grato. Mudei, melhorei meu comportamento, aprendi a confiar e com boa vontade passei a estudar; quero logo que possível ser um socorrista, ajudar encarnados, não só meus familiares, mas todos os que pedem e necessitam.'

"Na minha última visita a eles, a diferença era grande. Com o tratamento do doutor Aníbal e os remédios que o farmacêutico deu, e agora mais bem alimentados, estão sadios, fortes, mamãe até remoçou. Com a ajuda do professor, escutei-a orar, dizia: 'Estou tão feliz agora, sei que é meu Tião que nos ajudou juntamente com Santo Antônio. Sofri tanto vendo meu filhinho sofrer, pedaços difíceis passamos, agora tudo melhora, graças a Deus'.

"Ajuda, Raul, sempre temos e você a terá, não se entristeça, e acredite, seus problemas serão solucionados, peça ajuda e confie."

Tião deu por finalizada sua história, todos o ouviram com atenção. Foi quando Pedro indagou ao professor:

– Professor Eugênio, por que diziam que Tião fazia milagres se ele nem estava lá? E Santo Antônio? Ninguém o viu por lá e nós nem o vemos por aqui. Não foram os dois socorristas e o senhor que os ajudaram? Por que dizem ser Tião e Santo Antônio?

A curiosidade foi geral e o professor esclareceu-nos:

– Todos nós estamos na Terra para aprender, amar e crescer, caminhar para o progresso. Infelizmente, uns param no caminho, negando-se a aprender, outros teimam em praticar o mal. Há porém os que, aproveitando as oportunidades que oferecem as encarnações, engrandecem no bem e passam a trabalhar, ajudando, tornam-se missionários de luzes e bênçãos. Há, queridos alunos, muitas moradas na casa do Pai, neste imenso universo, são muitos os planetas habitados e também há as diversas formas de viver, após o corpo carnal ter morrido. Cada espírito mora onde seu fluido o atrai, onde se faz merecedor. No plano espiritual da Terra há os umbrais, onde moram temporariamente os maus. Há os locais de estudo como aqui, nesta colônia, e há esferas superiores onde estão os grandes missionários em ajuda constante aos necessitados da Terra. Como Antônio de Pádua, Santo Antônio, que tantas ajudas faz e muitos fazem em seu nome. Os diversos milagres acontecidos entre encarnados nada mais são que trabalhos para aqueles que fazem o bem, não interessa a quem se peça, interessa somente ajudar.

O professor Eugênio fez uma pequena pausa, entreolhamo-nos, admirados. Exclamamos:

– Milagres, trabalhos, professor!

– Sim – continuou a elucidar –, milagres são trabalhos, trabalhos dos espíritos bons, dos socorristas que auxiliam sempre, como os dois amigos que Tião e eu encontramos.

Entre uma e outra encarnação, os espíritos passam um período no plano espiritual, é o que se designa por erraticidade: os maus perturbam, os bons fazem o bem e aproveitam para aprender sempre. Chamamo-los de socorristas, porque muito trabalham e não querem outro pagamento a não ser a vontade de serem bons e servos de Jesus. Trabalham em toda parte, nos umbrais, nos postos de socorro e também ajudam os encarnados; muitas vezes, atendem aos chamados de fé em nome das diversas entidades conhecidas na Terra. Há grande concentração de socorristas em lugares de romaria onde muitos oram e fazem pedidos. Esses abnegados trabalhadores atendem em nome de Nossa Senhora, dos diversos santos, de Jesus etc. Os bons acodem sempre. Querem um exemplo? Se uma pessoa em perigo pede socorro por Nossa Senhora, um bom espírito por perto, se puder, a socorre. Sempre estão procurando atender aos que pedem. Se os pedidos são mais complexos, são encaminhados a ministérios próprios e analisados pelos que lá trabalham. Para serem atendidos, são levados em conta alguns critérios. "O que pede é bom para ele?" Às vezes, pede-se uma graça que seria um bem no momento, mas causa de dor no futuro. Pedem fim de sofrimentos, doenças e às vezes não se pode interromper o curso de seu resgate. Também é levado em conta, se recebida a graça, o pedido feito, a pessoa melhora se voltando mais para o Pai. Se aprovado, vão os socorristas e ajudam a pessoa, não importando para quem foi feito o pedido, embora haja equipes que trabalham atendendo aos pedidos a Nossa Senhora, santos do lugar etc., e podendo também ser atendidos pelos próprios santos, que nada mais são que servos de Jesus. Tudo é trabalho e para isso vocês aqui aprendem a fazer o bem, porque é necessário saber para fazer. Nem todos aqui serão socorristas em trabalho a encarnados, poderão escolher este ou aquele estudo, estudar mais, ser professores, reencarnar etc., mas para onde formos teremos oportunidades de servir, ajudar.

– Professor – disse Henrique, aluno aplicado e estudioso –, há também as promessas, minha tia vivia fazendo promessas. É errado?

– Promessa é troca, faça isso que eu faço aquilo. Aqui, nós não necessitamos de trocas, tudo é feito com carinho e amor. Deus, Jesus, os socorristas não estão interessados em pagamento, mas sim em fazer o bem e melhorar espiritualmente os encarnados.

"O pagamento de promessas fica na consciência de quem as fez e há tantas pessoas que por não as cumprirem se consideram devedoras e, desencarnando, não conseguem ter paz por se sentirem ingratas, em dívida com as graças recebidas. Todos nós somos carentes de graças e auxílios; devemos pedir o que necessitamos em orações, com humildade, não com trocas. Se quiserem ir a lugares, fazer orações, façam, mas não condicionando a receber isto ou aquilo. O que os bons espíritos querem realmente, quando ajudam, é a melhoria de cada um, aumentar a fé, a confiança, e torná-los mais conscientes das forças do bem. Mas, Henrique, algumas pessoas que fazem promessas ignoram quase sempre esse ato de trocas, fazem promessas com fé, por isso são tão atendidas. No futuro, amadurecidos e conscientes do que é o milagre, não existirão mais promessas. É o que acontece em relação ao Tião, que aqui conosco, em aprendizado, não pode fazer o que lhe pedem. É que as pessoas que o conheceram viram o quanto sofreu com resignação, pedem-lhe graças, confiantes de serem atendidas, e os trabalhadores do bem as atendem, conforme fazem jus, como os dois amigos socorristas que encontramos."

Satisfeitos com a explicação, tendo outra visão, a real, dos milagres, ninguém mais fez perguntas e o professor Eugênio deu por terminada a aula. Mas Tião levantou-se novamente e pediu para falar.

– Quero ser socorrista quando tiver concluído meu estudo, quero ir ajudar os encarnados. Quero também dizer mais algumas coisas a você, Raul. Se tem leves recordações de seu passado e sente que não lhe foi feita injustiça, você está certo. O passado está em nós, somos conseqüência dele, das diversas existências que tivemos encarnados na Terra. Comigo não houve injustiça, nunca há. Sofri muito, apodreci na carne, senti dores atrozes num corpo de criança, inocente nesta vida de agora, mas não no passado. Não me foi difícil recordar tudo. Fui no passado um sacerdote católico e tive por amante aquela que depois me serviu de mãe. Não estava muito convicto de minha fé e amava-a como mulher, não quis deixar o sacerdócio, que me proporcionava boa vida e respeito; nós nos encontrávamos às escondidas. Eu tomava, na época, conta de uma instituição de caridade, um abrigo de crianças doentes, principalmente leprosas ou filhos de leprosos que não podiam viver com os pais e que ninguém queria. Minha amante, ambiciosa, queria dinheiro, muito dinheiro, e para satisfazê-la desviei as verbas da instituição para dar a ela. Deixei as crianças sem conforto, sem remédios, até sem alimentos, enquanto ela se tornou rica, senhora de escravos e luxo.

"Desencarnamos, sofremos horrores por nossos atos, acabamos culpando um ao outro pelo sofrimento e passamos a nutrir grande ressentimento. Depois de muito tempo, fomos socorridos, orientados,entendemos a amplitude dos nossos erros e pedimos para reencarnar. Viemos juntos para que o rancor acabasse, como dois irmãos, filhos de leprosos; e, por não termos com quem ficar, contraímos a lepra e desencarnamos crianças. Não nos sentimos, porém, quites com nossa consciência; outra encarnação benéfica nos foi concedida, e voltamos. Vencemos nesta, aprendendo a amar com pureza, sofremos, resignados, dando valor a todos os benefícios recebidos e resgatamos ceitil por ceitil. Senti, Raul, no corpo o que fiz os outros sofrerem, tirando por ambição o que poderia ser alívio para doentes de outrora. Como vê, tudo é muito justo. E ter oportunidade de quitar, reparar nossos erros, é a bondade infinita de Deus, que não nos condena, mas faz com que, resgatando, aprendamos pelo amor ou pela dor. Raul, coragem, peça com fé o que almeja receber, peça ajuda e confie. E poderá ajudar sua mãezinha."

AJUDANDO MINHA MÃE

Tião calou-se, estávamos todos emocionados com a narrativa do nosso companheiro. Aproveitei o incentivo, olhei para o professor e disse em tom de súplica:

– Ajude minha mãe, professor. Deixe-me ajudá-la! Mesmo se com essa ajuda tiver de sofrer! Não sofrerei mais que agora, sabendo que ela não está bem.

– Raul, o estado de sofrimento é conseqüência do nosso livre-arbítrio, os bons não gostam de ver sofrimento, mas nosso livre-arbítrio é respeitado, assim como o sofrimento.

A ajuda que socorristas fazem é respeitando a liberdade de cada um. Podemos aconselhar sua mãe a perdoar, mas não obrigá-la. Entendeu?

– Sim, senhor, entendo e acho justo; mas, se puder falar com ela, saberei fazer com que entenda.

– Raul, sua mãe acha-se em estado de perturbação. Julga-se encarnada, sabe que você desencarnou e pode ter medo ao vê-lo.

– De mim, seu filho?

– Tantas pessoas, Raul, que muito amam, sofrem terrivelmente com a separação, mas temem e não querem ver os entes queridos que desencarnaram. Com sua mãe, pode ocorrer o mesmo.

– Sim, se mamãe ficasse com medo de mim, não saberia o que fazer – respondi, sincero. – Não sei o que fazer se ela me temer. Entendo como são certos os dizeres que, para ajudar, é necessário saber, vontade não basta. Farei qualquer sacrifício por ela, professor, mas nada conseguirei sem ajuda.

O professor Eugênio sorriu, com aquele sorriso que nos cativava tanto, olhando-me cheio de carinho.

– Levarei você, Raul, até sua mãe. Pedirei para que amanhã mesmo o professor Lourenço me substitua no tempo em que me ausentar; levarei você e procuraremos ajudar sua mãe.

Senti-me contente, confiante, minha vontade era de abraçá-lo; contive-me e falei, emocionado:

– Agradeço seu carinho, professor Eugênio, confio em sua sábia ajuda, tanto que prometo na volta contar a todos como foi. E tenho a certeza de que traremos minha mãe. Mas prometo não me entristecer nem desanimar, se não o conseguirmos.

– Oraremos e vibraremos por vocês – disseram em coro meus colegas.

A aula terminou, corri para perto de vovó, contei contente tudo o que se passou na classe, vovó sorriu, orientando-me:

– Raul, o professor Eugênio é bondoso demais, interessadíssimo nos problemas de seus pupilos, ele é conhecedor dos sentimentos humanos, confio que poderá ajudar minha Manuela. Mas, meu neto, não se decepcione se não for positiva a primeira tentativa. Tenho estado sempre com ela, quero ajudá-la e ela não quer receber ajuda. Vá, meu querido, faça tudo conforme o professor orientar. Lembro a você que sua vida continuou, e conte com a certeza de que continuou para os familiares encarnados. Não queira ficar no antigo lar.

– Claro que não, sei que eles não me verão, depois nada lá me prende. Gosto de minhas irmãs, de Pretinha, e sei do perigo que representaria para elas se lá ficasse sem o devido preparo. Quero ir mesmo para convencer mamãe a perdoar e prometo à senhora que seguirei com fidelidade as ordens dele. E, se não conseguirmos desta vez, não desistirei, até tê-la conosco.

– Que Deus os abençoe!

Esperei ansioso pelo dia seguinte, não consegui esconder a emoção. Logo pela manhã fui ao encontro do professor e, ao vê-lo, senti meu coração bater forte.

– Tudo pronto, Raul? Está bem?

– Sim, mas sinto meu coração bater forte, como se estivesse encarnado.

– O perispírito serve de modelo ao corpo. Necessitamos de tempo para nos desvincular das coisas a que estamos acostumados. Temos o reflexo do que somos, e a impressão do corpo carnal acompanha-nos. Observe, Raul, que vamos nos desprendendo aos poucos da necessidade de comer, de dormir, e tantos como sua mãe sentem ainda frio, calor e dores. O perispírito é matéria rarefeita, perfeita, belíssima; é natural que, emocionado, sinta como se o coração do corpo físico batesse; é que acelerado está o coração do seu perispírito. Vamos? Avisou sua avó?

– Avisei, sim. Está torcendo por nós.

O professor Eugênio pegou nas minhas mãos, conduzindo-me, e volitamos. Vi do alto a colônia e achei-a enorme, achei-a ainda mais encantadora com seus jardins e prédios.

Logo vi a Terra e deslumbrei-me com a visão dos sítios que conhecia; chegamos às proximidades de meu antigo lar, entre as árvores do campo. Suspirei contente, observei tudo e logo a vi. Embaixo de uma árvore, sentada no chão, estava mamãe, triste e pensativa. Ao vê-la, lembrei-me do poço, estava com o mesmo vestido, toda suja, com manchas de sangue, cabelos despenteados. No peito sangrava o ferimento da faca. Esperava vê-la assim, mas não deixei de me afligir, olhei para o professor, pedindo ajuda.

– Por que, professor, sangra seu ferimento?

– Não perca a confiança nem a serenidade, Raul. O ferimento sangra porque ela o alimenta e conserva com seu rancor.

Olhei para minha mãe com todo o meu carinho. Pensei: "Por que ela não consegue perdoar?" Não a entendia, é tão fácil entender as ofensas quando queremos. Ela era vítima e sofria mais que o agressor, no momento, por não fazer o que Jesus tanto recomendou: perdoar sempre. Indaguei meu mestre:

– Ela não nos vê?

– Raul, nossa vibração é muito diferente da dela. Nós podemos vê-la, ela não. Manuela vê encarnados e desencarnados da mesma faixa vibratória dela. Nos maus, espíritos perturbados e sofredores, a vibração é mais grosseira, quase material, enquanto nos bons, nós que aprendemos, moradores de planos mais elevados, a vibração é mais rarefeita, suave. Espíritos como o de sua mãe, no momento, não vêem os bons, por isso são levados a centros espíritas para uma incorporação, e ao se confrontarem com o corpo carnal vêem que estão diferentes, entendem que estão desencarnados e vêem, então, os bons que querem ajudá-los. Podemos também agora descer à vibração dela e tornarmo-nos visíveis, já que ela não consegue chegar a nós.

– Como poderei fazer isso?

– Ajudá-lo-ei: antes de se tornar visível a ela, lembre-se, Raul, de que poderá Manuela aceitá-lo, ou temê-lo. Agora, vamos, é só pensar forte com atenção em você, no estado em que estava no poço, procure sentir-se daquele modo, sujo, machucado, queira.

Pensei firme e fui me transformando, senti-me mais pesado.

– Vamos, Raul, pense, o perispírito pode ser maleável, você pela vontade pode transformá-lo.

Sentindo-me diferente, abri os olhos, olhei para meu corpo. Estava com as roupas rasgadas, sujas, as mesmas do dia em que desencarnei, estava ferido e com uma sensação de autopiedade invadindo-me. Pensei: "Fiquei todo machucado, coitado de mim!" Bastou isso para que começasse a sentir dores. O professor interferiu, enérgico.

– Não, Raul, não deixe a autopiedade o dominar; vamos, reaja, esse não é o seu estado, está assim só para ajudar.

Respirei fundo e pensei na figura do Mestre Jesus, ensinando no monte, na linda pintura que tínhamos na sala de aula. Relaxei e nada mais senti; sabia que minha transformação era só para ficar visível à minha mãe, minha forma externa não deveria mudar-me interiormente e eu não poderia ter dó de mim: nada do que me acontecera fora injusto.

Tranqüilo, aproximei-me dela, o professor Eugênio acompanhou-me; como não abaixou sua vibração, só a mim mamãe veria.

Ficando a alguns passos dela, disse baixinho:

– Mãe, mamãe!

Ela levantou a cabeça, levou um susto ao ver-me. Arregalou os olhos e ficou com eles parados, a olhar-me. Torcia as mãos, nervosa, disse em tom aflito, falando rápido:

– Raul, meu filho! Vejo sua alma! Você morreu naquele maldito dia. Por que eu não? Tive que ficar! Procuro ajuda e não acho. Que sofrimento, meu filho! Vê meu estado? Ele proibiu que me ajudassem. Falo a todos que foi ele. Ninguém acredita nem me ouve. Raul! Você está sujo e machucado! Não está no céu? Sofre, meu filho?

Aproveitei a pausa que fez e tentei explicar, falando docemente:

– Mãe, mamãe querida. Não sofro, estou bem e queria que também estivesse. Esqueça as maldades que lhe fizeram, perdoe. Todos nós somos carentes de perdão.

Perdoe, mamãe, peça ajuda a Deus, a Jesus, e faça como Ele, que na cruz perdoou os que lhe mataram o corpo. Por favor, mamãe, perdoe!

Mamãe agitou-se, parecia mais assustada e gritou.

– Não, você não é meu Raul! Não tem sossego por não estar vingado?

– Mamãe, quando caímos no poço morremos nós dois.

– Cruz-credo! Você morreu, vi seu corpo frio; o meu, não. Olhe! Vê? Estou viva. Sempre tive medo de alma do outro mundo, de morto. Ai... Vou vingar você, Raul. Manuel irá pagar.

Saiu correndo desesperada, com medo.

– Volte a ser o Raul do Educandário – ordenou com voz firme o professor Eugênio. – Pense em você lá na nossa classe.

Rapidamente me transformei, suspirei aliviado e esforcei-me para não desanimar; tentei sorrir.

– Ela teve medo de mim!

O professor sorriu, confortando-me.

– Vamos procurá-la novamente, serei eu a conversar com ela. Não me conhecendo, julgará que sou encarnado e pode ser mais fácil.

– Mamãe está muito perturbada, professor. Foi sempre gentil, educada. Expressa-se de modo estranho!

– Sua mãe está temporariamente perturbada, pelo que lhe aconteceu, pelo sofrimento.

– Será que ela perdoará?

– Claro que sim. Manuela sofre e sente-se só, abandonada, não será difícil fazê-la entender. Não é má, não procurou ajuda de vingadores nem se uniu a espíritos trevosos.

– Vingadores? – Estranhei.

– Sim, denominam-se vingadores os grupos que se reúnem nos umbrais, que se dedicam com todo o ódio e rancor a vingar as ofensas e ajudam os supostos ofendidos que os procuram. Em casos assim, nossa interferência é mais trabalhosa, mas realizável. Manuela não está bem certa se quer realmente se vingar.

– Vamos, vamos até ela. Não a vejo, sumiu, sabe onde está?

Ele sorriu, entendi que sim. Se viemos da colônia e achamo-la facilmente, sabia sem dúvida aonde ela fora.

– Andemos agora, Raul.

Estar novamente naqueles campos, onde brinquei tanto com meus amigos, fez com que parasse e olhasse tudo com saudade. Não podemos fugir da saudade, mas sim controlá-la; não devemos deixar que ela nos machuque e entristeça nossos dias. Quando queremos bem a alguém, gostamos de certos lugares; é humano sentir saudades. Mas devemos lutar para não deixar esse sentimento nos prejudicar o crescimento espiritual.

– Um dia, Raul, terá igualmente saudade do Educandário, quando de lá se ausentar. Poderá até estar encarnado e não saberá ao certo do que tem saudade, seu espírito é que estará saudoso. Acostume-se já a dominar esse sentimento, dê mais lugar no seu coração ao amor, deixe que esse sentimento puro domine todos os outros. Olhe para esses lugares e os ame. Não pense que os perdeu, pense que os ama, ama muito cada lugar, cada pessoa, e a saudade se tornará suave. Aprendendo, estamos fazendo nosso presente, e o futuro é esperança.

Sorri agradecido, fiz o que ele me sugeria, não me foi difícil, amava tudo, só que não sabia. Deixei transbordar meu amor e não senti mais saudade. Os acontecimentos materiais estavam no passado, o presente para mim era importante e enchi-me da esperança de conseguir ajudar minha mãe.

– Professor – indaguei enquanto caminhávamos –, existem muitos desencarnados sofrendo como minha mãe?

– Infelizmente, Raul, existem sim. São os imprudentes que, encarnados, construíram sua casa, seus valores, na areia. Vem a morte do corpo e tudo lhes parece ter desmoronado, é grande a ruína. Todas as religiões orientam para que sigam o caminho do bem, do amor, mas a estrada é estreita e, não tendo coragem para abandonar a vida fácil, as muitas ilusões da carne, ao desencarnarem sofrem no plano espiritual, seja pelas maldades que fizeram, seja pelo orgulho e egoísmo, ou, ainda, pelo bem que deixaram de fazer e por não terem coragem e confiança suficientes para perdoar as ofensas recebidas.

– Sinto pena deles!

– São as más obras, maus atos, que causam sofrimentos. Somos livres para escolher. Muitos sofrem, mas o bem está em toda parte e ninguém fica sem socorro se pedir com sinceridade, com o propósito sincero de melhorar.

Aproximamo-nos do meu antigo lar; estava modificado, fora pintado recentemente, feito muro em volta, posto portão. Mamãe muitas vezes pedira a meu pai para fazer essas modificações, mas ele respondia que a casa estava bem desse jeito. Estava agora mais bonita, parecia-me maior. O professor pegou na minha mão, atravessamos o portão fechado e a porta da sala, achei interessante.

– Que legal! – exclamei. – Posso fazer de novo?

– Sim, pode. Nossos corpos, agora, Raul, são de uma matéria rarefeita. Corpos carnais e esta casa são de matéria condensada. Facilmente nós, desencarnados, podemos atravessá-la, é só ter consciência disso e querer.

– Mamãe consegue atravessar paredes?

– Não, sua mãe se julga encarnada e encarnados não atravessam paredes, portas fechadas.

Da sala fomos à cozinha, onde encontramos Pretinha preparando o jantar. Pondo em prática a lição do amor, olhei-a com muito carinho, desejei sinceramente felicidade a ela. Minha amiga encarnada suspirou aliviada, sorriu e continuou sua tarefa com mais satisfação.

Fomos ao quarto de minhas irmãs. Telma e Taís estavam bem, com roupas novas e muitos brinquedos; mas pareceram-me tristonhas, brincando caladas, sentadas no chão.

– Suas irmãs estão bem; vamos, Raul, sua mãe chora na escada que dá para o quintal.

Mamãe estava sentada toda encolhida num canto da escada. Chorava e dizia: "Elas não me reconheceram. É porque estou suja e machucada. Deveria ir ao médico. Nem Pretinha falou comigo. Por quê? Por quê? Fingiram que não me viram. Deve ser isso, Manuel deve ter falado que estou louca e que fui eu quem matou Raul. Deve ter inventado uma boa história para que elas não conversem comigo. Todos devem ter medo de mim".

Olhei para o professor, ele orava em silêncio, e foi se modificando. Mudou suas roupas, ficou parecendo um lavrador pobre. Ficou na frente de mamãe, na escada, falou-lhe com voz harmoniosa e com muito carinho.

– Por que chora, filha? Está muito machucada, não dói?

Minha mãe levantou a cabeça e viu-o; curiosa, observou-o bem e indagou:

– Quem é o senhor? Não o conheço, nunca o vi.

– Sou um peregrino. Ando por este mundo de Deus. Quer ajuda?

– Quero! Ou é o senhor quem quer? Não tenho nada para dar-lhe e...

– Não quero nada, senhora, tenho tudo do que necessito.

– Sinto que o senhor é bom. Mas como poderá me ajudar? Nem sei como começar, sofro tanto. Perdi meu filho há poucos dias.

Minha mãe perdera a noção do tempo; aqueles meses pareceram-lhe dias. Isso é comum a espíritos perturbados. O professor, mostrando-se amável, continuou a conversar normalmente.

– Sei avaliar a dor de uma mãe. Tudo é mais fácil para os que têm fé. Não acredita em Deus, senhora? Ele é Pai de todos nós, meu, da senhora, de seu filhinho. Não diga que o perdeu, não pertencemos a ninguém, filhos não são propriedades nossas, guardamo-los por um tempo que o Pai determina, encontrará com ele um dia. Não fique triste assim, senhora, venha comigo, cuidarei dos seus ferimentos.

– Não posso ir, não devo sair daqui, esta é minha casa. Não choro só pela morte dele. Tudo me é tão triste. Meu filhinho morreu e foi o próprio pai quem o matou. Não se espanta? Não acredita?

– Acredito, sim, senhora, sei que fala a verdade. Não acha, porém, que se pode matar só o corpo e não a alma? E que seu filhinho vive em outro lugar?

Mamãe relaxou mais, sentou-se direito, ignorou a indagação que o professor lhe fizera e começou a falar. Muito confusa, às vezes não terminava a frase, mudava de assunto, mas contou sua história, revelando episódios que eu desconhecia.

– Nasci perto daqui, numa bonita fazenda. Meu pai era muito enérgico e estava sempre distante. Mamãe, não, pessoa bondosa, deu-me muito carinho. Fui prometida em casamento mocinha ainda, me alegrei. Logo amei Manuel, meu noivo, e sentia que era correspondida. Faltava pouco tempo para nosso casamento, quando um dia, ao voltar de visita que fizera a uma doente, mulher de um dos nossos empregados, fui atacada por um homem; sem conseguir reagir, fui violentada. Encontraram-me toda machucada. Mamãe cuidou de mim com carinho, meu pai quis saber quem fora. Não o conhecia, mas o descrevi e ele foi procurar o tal homem com mais dois empregados; encontrando-o, matou-o com dois tiros de espingarda. Não conseguimos esconder o fato e passei de vítima a uma pessoa marcada, como se tivesse errado. Meu pai chamou meu noivo e contou-lhe tudo; porém, para meu alívio, ele ainda quis casar comigo. Meu pai não conversou mais comigo, evitava-me, só mamãe continuou a tratar-me como sempre. Dois meses depois, casei. Logo engravidei e Raul nasceu após nove meses de casada. Manuel mudou comigo, não era o noivo prometido que conhecia. Não gostou do filho, torturava-me dizendo que ele era do tarado e eu jurava-lhe que não. Dizia-lhe: existe criança de sete meses, mas não de onze! Era brusco, grosseiro comigo. Nem olhava para o filho e, se o menino chorava à noite, tinha de sair do quarto. Quando fiquei grávida novamente, apavorei-me, porém Manuel agiu diferente, com as meninas tinha paciência, chegando a levantar-se à noite para me ajudar a cuidar delas. Meu pai morreu. Vim a saber por mamãe que Manuel casara comigo por ter recebido uma rica recompensa, papai pagou-lhe para que se casasse comigo. Minha mãe, com dó do meu Raul, pediu-nos para que o deixássemos com ela. Minha mãe levou-o e criou-o. Manuel nunca foi vê-lo ou quis saber dele.

"Minha vida nesses anos transcorreu mais tranqüila, até que mamãe morreu e meu filho retornou ao lar. Manuel logo demonstrou a raiva que sentia por ele, passou a maltratá-lo, a surrá-lo, sem nenhum motivo. Minha vida toda de casada foi tentando agradar meu esposo; trabalhei muito, tornei-o mais rico e cada vez tratava-me pior. Até que se apaixonou por outra, por uma moça que mudou com a família para nossa cidade. A desavergonhada queria casar, e ele, com medo de perdê-la, armou um plano. Começou a tratar-me melhor e também ao filho. Numa tarde chamou-nos para um passeio, feriu-me com a faca, jogando-me no poço abandonado e, depois, fez o mesmo com o próprio filho. Este, coitadinho, não resistiu e morreu. E, não satisfeito, sabe o que ele fez? Disse a todos que fui eu a matá-lo, que estou louca, e todos fogem de mim, não conversam comigo. Só o senhor me escutou e estou abusando, falando, falando."

– Não, irmãzinha, não está abusando, gostei de escutá-la. A senhora precisa de ajuda. Não se lembra de Deus? Não ora? Não recorda os ensinos de Jesus, esse grande missionário? Sofreu tanto, perdoou a todos e pediu que fizéssemos isso também. Por que a senhora não perdoa a seu esposo? Raul já perdoou.

– Raul? Como sabe o nome de meu filho?

– A senhora mesma falou. Se ele era bom como diz, um anjinho, perdoou. Os bons perdoam sempre, faça isto, perdoe também.

Minha mãe ficou quieta por alguns instantes, parecia pensativa. De repente levantou-se e disse:

– A polícia! O delegado! Vou dar queixa dele, terão de prendê-lo.

Saiu apressada, nem se despediu, olhei triste para o professor e disse:

– Não sabia dessa história, agora entendo o porquê de meu pai não gostar de mim.

– Sua mãe disse a verdade: você, Raul, é realmente filho de Manuel. Esse ódio não é por isso, está ligado ao passado de vocês. Vamos acompanhá-la.

Mamãe andava rápido, seguimo-la de perto, ia repetindo que tinha de contar ao delegado. Perto da delegacia dois desencarnados, com jeito de poucos amigos, cercaram-na, segurando-a pelo braço.

– Venha cá, belezura! – disse um deles.

– Vamos passear um pouco – disse o outro. – Somos todos assombrações.

Mamãe apavorou-se com o assédio dos dois, começou a debater-se. O professor Eugênio aproximou-se, os dois pararam desconfiados olhando um para o outro, saíram correndo.

– Está protegida pelos bons, vamos embora!

Mamãe chorava baixinho, assustada, com dores e fraqueza, não quis ir mais para a delegacia; vagarosamente, de cabeça baixa, voltou para nosso antigo lar.

O LOUCO

Mamãe ficou novamente na escada chorando, aproximamo-nos dela.

– Raul, estenda suas mãos sobre ela e pense que quer vê-la tranqüila a dormir.

Fiz isso, o professor também; mamãe parou de chorar. Foi se acalmando, deitou-se no chão e dormiu. O professor Eugênio pegou-a no colo e acomodou-a num leito que tinha no porão de minha ex-casa.

Entramos em casa, meu pai estava na sala, tranqüilo, pareceu-me feliz, ao seu lado uma moça bonita que tentava cativar minhas irmãs, Taís e Telma, que a olhavam desconfiadas e aborrecidas.

– Será esta a mulher de que mamãe falou? Ela o ajudou a nos matar?

– Esta é Margareth, amante de seu pai, candidata a esposa. Ela não é má, somente ambiciosa e frívola. Não sabe de nada, no começo desconfiou de seu pai, porque ele pediu que dissesse, se alguém lhe perguntasse, que passara com ela a tarde do crime. Explicou que andava desconfiado de que a esposa o traía e que a seguira naquela tarde. Logo, porém, perdera-a de vista. Mas depois que prenderam o "Louco", Margareth acreditou nele e ficou muito contente por Manuel estar livre, e tudo faz para que se case com ela.

Margareth levantou-se, dirigiu-se à cozinha; seguimo-la. Pretinha lavava a louça; Margareth, procurando ser amável, disse-lhe:

– Pretinha, qual o seu salário?

Pretinha gaguejou, falou a quantia meio encabulada.

– Só?! Se você me ajudar fazendo com que as meninas gostem de mim, casarei com Manuel e dobro seu ordenado. Terei outra empregada para lavar roupas e não farei quitutes para o armazém, seu serviço diminuirá. Se fizer o que lhe peço, falando bem de mim a elas, dar-lhe-ei roupas minhas, tratá-la-ei sempre bem.

– Sim, sim, senhora.

Ela saiu e Pretinha enxugou do rosto as lágrimas que caíam, resmungando baixinho: "Nem fez um ano que dona Manuela e o menino Raul morreram e ele já fala em casar-se. Se não tivessem prendido o Louco e este confessado, julgaria que fora ele, o patrão, que matara os dois. Até hoje não entendo o porquê de dona Manuela ter largado de fazer os bolinhos e ter saído com Raul; ela nunca fizera isso".

Abracei Pretinha com muito carinho, desejei-lhe tranqüilidade e esperança para o futuro. Após alguns segundos, o professor tocou-me o ombro.

– Vamos, Raul, viemos ajudar sua mãe, não deve se preocupar com eles aqui. Pretinha é bondosa e trabalhadeira. Margareth gosta mais é de ter alguém para trabalhar por ela, agradará Pretinha para tê-la fazendo isso. Para suas irmãs, será boa madrasta, as meninas são boazinhas, seu pai as ama e não permitirá que ninguém as maltrate.

– Professor Eugênio, ele não tem remorso? Está como se não tivesse feito nenhum mal.

– Quem faz o mal um dia cairá em si, lembrará o mal feito. A vez dele chegará.

– E ele vai casar com Margareth?

– Sim, estão apaixonados.

– Professor, é incrível como o senhor sabe tudo, descobriu onde mamãe estava, conhece tudo.

– Não pense, Raul, que sou adivinho. Nada é impossível. Ontem à noite estive aqui e sua avó deu-me as informações precisas, analisei tudo para melhor ajudá-lo. Saber de todos os detalhes e onde uma pessoa se encontra não é difícil. Como sua avó, dona Margarida, me informou, sua mãe só fica por aqui e basta-me pensar nela para localizá-la, foi fácil. Para os desencarnados nada é impossível, tudo é trabalho e dedicação.

– Escutei, por duas vezes, falar do Louco. Prenderam o Louco que nos matou. Quem é ele? Por que está preso se não foi ele?

– Sua mãe dormirá por horas, descansará, aproveitemos para conhecer o Louco. Vamos à prisão.

A prisão da cidade era pequena e antiga, quatro celas, três presos, um em cada uma. Não era um lugar agradável de visitar, não a conhecia, nunca tinha estado numa cadeia. Ambiente triste e pesado, alguns desencarnados ali estavam vampirizando com ódio um dos presos por este ter-lhes tirado a vida física. Não nos viram, lembrei-me da explicação do professor: nossa vibração era diferente. Entramos numa das celas, não havia nenhum desencarnado, estava ali um homem, barba por fazer, magro, cabelos louros encaracolados, andava de um lado para outro, inquieto.

A camisa aberta deixava ver suas costelas, usava sandálias de couro cru e calças nas canelas. Seus olhos azuis pareciam duas contas, bonitos, tristes, demonstrando pelo olhar sua agitação interior. Simpatizei com ele, indaguei ao meu mestre:

– Quem é este homem?

– Este é o Louco – respondeu meu instrutor. – Será inocente? Nem tanto como se pensa. É um doente mental. Seu espírito culpado perturbou-se e ao encarnar transmitiu à matéria sua perturbação.

O Louco começou a falar: "Matei-os, matei-os, enfiei a faca neles, matei-os!"

Assustei-me ao ouvir o que dizia.

– Este pobre irmão fala sempre isso, Raul, repete a todo instante. Recorda partes de acontecimentos do passado. Matou, sim, não agora nesta encarnação, mas na sua outra existência. Vamos auscultá-lo, contarei a você a história dele, quer?

– Sim, quero.

O professor Eugênio deu-lhe um passe, vi das suas mãos saírem raios prateados. O Louco aquietou-se, parou de andar, pegou um prato de comida que estava na mesa e comeu; depois se deitou na cama e ficou olhando para o teto com os olhos muito abertos. Sentamo-nos perto dele, meu instrutor começou a falar:

– João Felipe, é este seu nome. Em 1712 estava encarnado, era oficial da corte; imponente, orgulhoso, julgava-se bonito, honesto e com a certeza de uma brilhante carreira. Esperava uma promoção, que julgava merecida e justa, para logo.

"Um dia, estando de folga, passeava pelo campo a cavalo, ia admirando a estradinha toda arborizada que era caminho de alguns sítios, onde pessoas endinheiradas tinham casas para passar o verão, sonhando um dia em residir ali. De repente, uma criança saiu do meio das árvores atravessando à sua frente. Seu cavalo assustou-se, empinou, e o menino, amedrontado, parou também. Sem que João Felipe pudesse evitar, o cavalo pisoteou a cabeça do garoto. Conseguindo finalmente dominar o animal, desceu do cavalo, amarrou-o numa das árvores e aproximou-se da criança. Percebeu que estava morta, batera com a cabeça numa pedra, além das pisadas do cavalo.

"Ajoelhado estava junto ao menino quando escutou um barulho. Virou-se e viu que atrás do garoto vieram uma mulher e uma menina de uns seis anos. A mulher estava muito bem vestida. Ao chegar à estrada parou, assustada, depois se debruçou sobre o menino, que tinha três anos, começando a chorar baixinho. João Felipe reconheceu-a, era a esposa de seu comandante. Sentiu um frio pelo corpo e exclamou: 'Estou perdido!'

"Procurou dominar-se. Pensou rápido, não poderia deixar que contassem o que viram. Ele não tivera culpa. Quem, porém, iria acreditar nele? E conhecia bem o comandante, era vingativo e mau.

"Tirou sua faca da cinta e friamente golpeou a mulher pelas costas. Retirando a faca, rápido avançou sobre a menina, que estava a alguns passos parada, não entendendo o que acontecia; estava mesmo olhando para o outro lado e nem vira a mãe morrer. Enfiou a faca no peito da menina, retirou-a e limpou-a nas roupinhas da criança. Montou no seu cavalo, retornou rápido para a cidade, deixando os três mortos na estrada. Três horas depois só se falava nos crimes cometidos e todos os oficiais saíram à caça do assassino ou assassinos. João Felipe, de licença, apresentou-se, como muitos outros, procurou acalmar-se, chefiou um grupo de buscas. Ninguém vira nada, empregados da casa, preocupados com a demora da senhora e das crianças, saíram para procurá-los, achando-os mortos depois de horas de procura. Era tudo o que se sabia. As buscas ao autor do crime hediondo continuavam. O grupo de João Felipe encontrou um débil mental sentado numa pedra, era um andarilho.

"'É ele! Parece um assassino!' – gritou João Felipe, exaltado.

"'É só um louco inofensivo' – disse um de seus colegas.

"'Vamos revistá-lo!'

"João Felipe desceu do seu cavalo e os outros ficaram conversando. Começou a revistar as coisas do pobre homem, que os olhava e ria se divertindo. João Felipe, vendo que ninguém o observava, com cuidado tirou a faca de sua bota, lugar onde a escondera, e, fingindo tê-la tirado dos pertences do débil, gritou:

"'Olhem! Olhem o que encontrei! Uma faca suja de sangue! Foi você, seu monstro, quem matou a mulher e as crianças?'

"O débil ria. João Felipe indagava-o balançando a cabeça de cima para baixo e o maluco imitava-o, dando a parecer que respondia de forma afirmativa.

"'Homens, é este o assassino, ele afirma, vamos matá-lo, está com a faca. Não há mais dúvidas, é o criminoso.'

"Exaltou os companheiros e eles acreditaram. Pegou uma corda e colocou-a numa árvore.

"'Enforquemo-lo!'

"'Não é melhor levá-lo preso?' – disse um do grupo.

"'Há uma recompensa e o comandante deixou bem claro que queria o assassino morto. Poupemos mais isso ao pobre pai, ter de matar este monstro. Enforquemo-lo nós.'

"O débil ria. Colocaram-no em cima de um cavalo, ficou encantado, achando que brincavam com ele. Colocaram-lhe a corda no pescoço, ele continuava a rir, até que a corda o sufocou, olhou assustado para os oficiais, desencarnou. Socorristas desligaram-no logo do corpo e levaram-no para um posto de socorro, onde foi orientado, perdoando e entendendo que resgatara erros de seu passado.

"O grupo recebeu a recompensa. João Felipe, por ter descoberto o assassino, foi cumprimentado pelo comandante, que se sentia arrasado com a morte da esposa e filhos. João Felipe logo foi promovido.

"O assunto foi esquecido, em breve ninguém mais comentava o caso. João Felipe procurou aplacar sua consciência pensando sempre que fora melhor para o débil ter morrido, parado de sofrer. E que não tivera culpa da morte do menino, fora ele que atravessara à sua frente, e que a mulher e a menina tiveram de ser mortas, para que ele não fosse prejudicado, senão seria enforcado. Mas, não tinha sossego, estava sempre intranqüilo, amargurado, descontava nos subalternos sua insatisfação. Tornou-se um comandante duro e implacável. Não casou, não conseguiu gostar de ninguém, poderia até ter comprado uma casa naqueles sítios que tanto queria, preferiu outro lugar. Nunca mais passeara no lugar do crime. Seu antigo comandante achava sempre que lhe devia favor, muito o ajudou. A mulher, pessoa boa, e as crianças que ele assassinou foram logo socorridas e perdoaram-lhe, crescendo espiritualmente. Anos depois, seu antigo comandante desencarnou e, ao saber da verdadeira história, voltou-se para ele com ódio feroz. Obsediou João Felipe que, aos poucos, foi perdendo a razão, foi afastado de seu cargo e acabou louco. Um de seus irmãos veio tomar conta dele, apossou-se de seus bens e trancou-o num porão, onde viveu por dois anos e desencarnou. Mas seu obsessor não deu por terminada a vingança, tirou-o do corpo carnal, levou-o para as furnas e muito o maltratou. A mulher e os filhos do obsessor tudo fizeram para que ele perdoasse e mudasse de vida, até que um dia, cansado de sofrer, desistiu da vingança e retirou-se com seus familiares...

"Pois, meu caro Raul, a vingança é como diz o dito popular: uma faca de dois gumes. Fere-se e se é ferido, faz sofrer, mas sofre. João Felipe ficou só, sentiu-se um pouco aliviado com a ausência de seu inimigo e aos poucos foi recordando sua vida, seus erros. O remorso o corroía e foi aumentando com o tempo, até que se arrependeu sinceramente. Chorou muito, pediu perdão a Deus e clamou por socorro. Socorristas piedosos o levaram a um posto de socorro, sentia-se perturbado; se todos o perdoaram, não se perdoava a si mesmo.

"João Felipe não se conformava por ter sido tão mau e impiedoso, chorava angustiado. Todos nós, Raul, devemos perdoar sempre a todos e a nós mesmos; as obras más nos pertencem, como as boas; ninguém tira a vida física de outrem e fica impune. Reconhecido o erro e arrependidos, não devemos cultivar o remorso destrutivo, mas sim o firme propósito de acertar e reparar os erros. Com tratamento e com muitos conselhos, João Felipe melhorou e pediu para reencarnar. Queria esquecer, resgatar suas dívidas, que para ele eram imensas."

– E não eram?

– Sim, Raul. Lembro-o, porém, de que todos nós somos ou fomos carentes de perdão, não devemos focalizar só nossos erros e ser pessimistas. Devemos ser otimistas e aproveitar as oportunidades que nos são dadas para melhorarmos e ajudar àqueles a quem prejudicamos ou a todos os que nos cercam. O amor, como Jesus ensinou a Pedro, cobre multidões de pecados; devemos cultivar, fortalecer a esperança em construir, realizar e crescer para o progresso.

"Voltou João Felipe, encarnou tendo pais pobres e humildes, sofreu privações com resignação, mas seu espírito não se perdoou, e logo na adolescência conseguiu passar para seu cérebro físico algumas recordações, as principais, de seus erros. Perturbou-se, adquirindo uma doença mental. Saiu de casa, seus familiares sentiram até alívio, e ficou andando de um lugar para outro, esmolando para sobreviver. Passava por aqui quando o crime aconteceu, acharam-no perto do poço dizendo que havia matado, que esfaqueara. Não estava sujo de sangue, não encontraram a faca, mas prenderam-no.

"Interrogaram-no muitas vezes, tentaram, para que dissesse mais coisas, mas ele só repetia que havia matado. Quando o interrogatório demorava, gritava: 'Matei-os, cortei-os com a faca!'

"Não tendo outro suspeito, levaram em conta sua confissão, pararam de atormentá-lo e, como ninguém sabe seu nome e ele não diz, apelidaram-no de o Louco, e ficará preso até sua desencarnação. Está preso, Raul, por um crime que não cometeu nesta existência, mas pelo que fez no passado e não pagou. Estar prisioneiro não é fácil e muitos com resignação resgatam seus débitos, encarcerados. João Felipe fugiu de suas responsabilidades e culpou outro; hoje acontece com ele o que fez no passado.

"As Leis Divinas são muito justas e podemos ter consciência disso, conhecendo a Lei de Causa e Efeito. Ninguém pode dizer que é injusto seu sofrimento, como não é o de João Felipe."

O professor silenciou e pensei no meu pai, o que fizera não fora diferente de João Felipe; indaguei preocupado:

– Professor, que será de meu pai?

– De nossos atos teremos que dar conta um dia. Agravou seus erros, deixando que um inocente pagasse em seu lugar. Pagará ceitil por ceitil, como nos disse Jesus, ou pelo amor, ou pela dor; não se preocupe com ele agora, terá como todos nós oportunidades de resgate nesta existência ou em outras.

Senti muito dó de João Felipe, o Louco; passei a mão sobre seus cabelos e desejei ajudá-lo.

– Doe, Raul, deseje-lhe calma, paz, tranqüilidade e doe-lhe amor.

Desejei ardentemente que ele esquecesse seus erros, seu passado culposo e que agora, resgatando, sentisse paz. Orei com fervor um Pai-Nosso.

João Felipe aquietou-se e adormeceu tranqüilo, seu rosto descontraiu-se, suavizando a fisionomia.

– Dorme tranqüilo! Você, Raul, ajudou-o com seu carinho. Oremos sempre por ele para que quite seus débitos com resignação, porque sofre a reação de seus atos por sua própria escolha. Que possa, ao desencarnar, sentir a paz tão necessária ao nosso progresso e ter a consciência tranqüila para recomeçar bem a existência no plano espiritual.

Era a primeira vez que ajudava alguém; senti uma alegria infinita, lembrei-me dos comentários que surgiam sempre na escola: "Quem faz a outro para si faz". Confiante, sorri para meu mestre e não consegui conter as lágrimas que, abundantes, desciam por minhas faces. Saímos dali.

O PERDÃO

— Voltemos para perto de Manuela – disse o professor.

Já passava da meia-noite; mamãe dormia do mesmo modo que a deixamos. O professor deu-lhe um passe. Ela acordou, não nos viu, sentou-se no leito. Intuiu-a a subir e entrar em casa; assim o fez. Passou pelas portas fechadas com a ajuda do meu mestre e nem percebeu. Levamo-la ao quarto das meninas, que dormiam lado a lado. Mamãe parou diante das camas e ficou observando-as com muito amor.

O professor Eugênio foi até Taís, deu-lhe um passe, segurou-a pela mão, chamou-a baixinho e retirou seu espírito cuidadosamente do

corpo, ficando ligado somente por um cordão. Taís olhou seu corpo adormecido, sorriu, olhou pelo quarto, viu mamãe e levou um susto.

– Mãe! Por que está aqui? Não deveria estar no céu? Por que está toda suja? A senhora morreu, beijei seu corpo frio e fétido. Não está com a vovó? E Raul? Morreram juntos. Que faz aqui? Quer orações?

Taís falava depressa, cada vez mais assustada e com medo. Mamãe ficou parada, não conseguiu falar nada, olhava Taís com admiração e espanto. Minha irmã quis chorar, tremia toda. O professor Eugênio aproximou-se de Taís, transmitiu-lhe um passe de paz, tranqüilidade, fez com que retornasse ao corpo. Nós, como mamãe, vimos Taís como duas, seu corpo e seu espírito; mamãe teve um choque ao presenciar esse fato e, pelo que escutara, saiu correndo do quarto. O professor ficou com Taís e acalmou-a com passes, até que serenou.

– Taís está bem, Raul, não deverá lembrar-se do fato.

– Se lembrasse, seria triste para ela recordar a mãezinha neste estado.

Fomos encontrar com mamãe, voltara para a escada. O professor se fez visível novamente a ela e recomendou-me:

– Não interfira, Raul, fique perto, ore, vibre, conversarei novamente com ela.

Fiquei a dois degraus dela e orei com fé, pedi a Deus que nos inspirasse e fizesse com que meu mestre a convencesse, a doutrinasse. O professor falou-lhe, calmamente:

– Filha, ainda por aqui?

Mamãe assustou-se, quis fugir. Depois, reconheceu o confidente que encontrara à tarde, acomodou-se novamente, não respondeu. Nisto, passou meu pai em espírito, desligado pelo sono físico, embaixo da escada. Estava tranqüilo, parecia que passeava. Mamãe escondeu-se no vão da escada.

– É ele! Não quero que me veja. Tenho medo!

– Como quer se vingar dele se tem medo?

– Ele matou e pode matar de novo.

– Está morta, então?

– Não sei, é tão confuso. Primeiro sinto a presença de minha mãe, que morreu há tanto tempo. Depois, vi meu Raul, o meu filhinho querido que morreu. Aqui ninguém fala comigo, parece que nem me vêem. Agora mesmo, minha filha virou duas, uma deitada na cama e a outra estava como eu, falou comigo, disse que morri. Mas o senhor me vê, não é? Fala comigo.

– Sim, vejo-a e falo com a senhora, somos iguais, observe bem. Contudo, não somos iguais à Pretinha ou à Taís e à Telma. Há diferença.

Mamãe ficou pensando por uns instantes, encolheu-se no seu canto.

– Você é morto?

– Meu corpo morreu há tempos, sou vivo, somos eternos. O espírito continua a viver sem o corpo físico.

– Eu também morri?

– Contudo, está falando, sofrendo e chorando. Está viva pelo espírito. Seu corpo morreu ao cair no poço e não se deu conta disso, pelo ódio que sentia.

– Oh! Como é ruim morrer!

– Ter o corpo morto não é ruim, ruim é ter sentimentos de ódio, rancor e vícios como companhia.

Mamãe chorou. Desta vez seu choro era diferente, era de alívio, tristeza, sem mágoas. Suas lágrimas foram como um bálsamo e o professor esperou pacientemente que chorasse por uns bons minutos.

– Manuela, você não se recorda dos ensinos de Jesus? Ele nos disse que o que pedirmos com fé receberemos. Que quer você, filha?

– Já que morri e meu filhinho também, queria estar com ele.

– Raul perdoou e esqueceu todo o mal que o pai lhe fez. Se quiser estar com ele, deve fazer isso também.

– Perdoar, não sei. Manuel foi tão cruel conosco. Ajude-me, senhor. Morrer parece-me tão estranho, tenho medo, muito medo. Não quero ficar assim.

– Filha, o perdão é importante, está na prece dominical, no Pai-Nosso, oração ensinada pelo maior Mestre que esteve encarnado na Terra. Oremos, vamos juntos orar.

O professor orou com tanta convicção e fé que me emocionei e não pude novamente segurar as lágrimas; mamãe acompanhou-o na prece, encantada. Pela primeira vez depois de seu desencarne sentiu-se melhor, seu ferimento parou de sangrar. Quando terminou, disse, emocionada:

– Que linda é essa prece! Diga-me, senhor, se eu não castigar Manuel ele ficará impune? Acho que deve receber um castigo, não tanto por mim, mais pelo meu Raul.

– Dona Manuela, somos donos dos nossos atos. O bem que fazemos são tesouros que adquirimos, ninguém nos tira, como também o mal fica em nós e um dia teremos de dar conta dele ao Pai maior. Ninguém tem o direito de se vingar, de fazer justiça; vingança é ação má que não fica sem reação. O sofrimento virá para seu esposo, fazendo com que se arrependa, mas não cabe à senhora castigá-lo. Se não perdoa, pensando no Raul, está equivocada; Raul está bem, é feliz, porque perdoou e não quer mal algum ao pai.

Mamãe vacilava. Orei com fé, pedi a Deus forças para ela. Lembrei que pude ajudar o Louco e que podia ajudá-la. Olhei-a fixamente, estendi as mãos sobre ela e desejei que perdoasse, que quisesse ir conosco. Emocionado, vi mamãe ajoelhar-se, olhou para o céu, coberto naquele momento de estrelas, uniu as mãos, falou alto, compassado. Desta vez, com seqüência, com sentimento:

– Oh, Jesus! Oh, meu Pai Celeste! Se morri, quero ir para o lugar aonde vão os mortos. Quero estar com meu filhinho. Perdoa meus erros, eu perdôo ao meu marido, perdôo e quero ser perdoada. Pai Nosso que estais no céu...

Orou o Pai-Nosso soluçando baixinho; quando terminou, o professor estendeu as mãos sobre ela.

– Filha, sincero e justo é seu pedido, ajudá-la-ei. Fique calma, descanse, durma, levarei você até seu filhinho; quando acordar, estará com ele.

Mamãe, cansada, adormeceu tranqüila, ainda de joelhos, apoiada nele, meu mestre e amigo, e ele a pegou como se fosse um simples bebê.

– Vamos, Raul, apóie-se em mim e voltemos à colônia.

Engasgado pela emoção, não consegui dizer nada, beijei minha mãe na testa e partimos. Na colônia, o professor deixou mamãe no hospital, ficaria numa enfermaria para se recuperar.

– Raul – disse-me – portou-se corajosamente. Voltemos aos nossos afazeres, eu com minhas aulas, você com seus estudos. Manuela dormirá por algum tempo, se recuperando. Seus ferimentos sararam e, quando estiver para acordar, avisarão você e dona Margarida para estarem com ela. Agora vá para casa, vá descansar e contar à sua avó do êxito de nossa ajuda. Tenho de ir, até logo.

Saiu rápido, tentei agradecer-lhe, mas ele já ia longe; voltei para casa, vovó esperava-me, abracei-a feliz e contei-lhe tudo. Choramos agradecidos e emocionados.

– Como meu professor é sábio e bondoso! – exclamei. – Quero ser como ele.

– Espelhe-se no seu exemplo, meu neto. Se você estudar e se esforçar, poderá ser como ele. Alegro-me tanto por você desejar crescer e ser útil.

No dia seguinte, na classe, todos me olharam, curiosos, adivinhando por meu contentamento que tudo dera certo. Após a prece inicial, levantei a mão pedindo para falar. Com permissão, narrei todos os acontecimentos e terminei assim:

– Ao Pai Celeste já agradeci. Aqui na classe fiz um pedido e é perante vocês que quero agradecer. Agradecer ao mestre, que tudo fez com seu trabalho e faz mais, ensina-nos com seu exemplo. Sem sua ajuda, nada conseguiria fazer; graças a Deus, mamãe repousa aqui neste instante e estou muito feliz. Quero agradecer a vocês, meus colegas, por terem me ajudado com seus conselhos e terem vibrado por nós. Professor Eugênio, muito obrigado e...

Engasguei emocionado e o professor finalizou:

– Continuemos nossa aula e que os acontecimentos que envolveram Raul nos sirvam de exemplo. Devemos perdoar sempre, infinitamente, a todos e com o esquecimento de todo o mal.

Algum tempo se passara, tudo voltara ao normal. Vovó com seu trabalho, eu, atento, cada vez mais interessado nos meus estudos. Fora ver mamãe por instantes; algumas vezes ela dormia, no começo um tanto agitada, depois foi se acalmando e, com o tratamento que recebia, seus ferimentos sumiram.

Fomos, vovó e eu, avisados de que mamãe estava para acordar. Fomos para seu lado. Com passes de um abnegado médico, mamãe acordou de mansinho. Abriu os olhos e se olhou, apalpou-se, depois olhou ao redor de si e nos viu.

– Raul, mamãe! – exclamou, emocionada.

Unimo-nos os três em comovente abraço, choramos felizes. Com muito carinho enxuguei as lágrimas do rosto de mamãe.

– Não choremos mais! – exclamei. – Alegremo-nos, estamos juntos agora.

– Onde estou, Raul, que lugar é este?

– Recuperando-se dos abalos sofridos, em um lugar de fraternidade – respondeu vovó. – Como se sente, minha filha?

– Sinto-me bem. Raulzinho, meu filho querido, como está lindo!

Vovó conduziu a conversa para assuntos agradáveis, lembranças felizes, logo estávamos sorrindo, desfrutando a alegria de estarmos juntos.

Deixamo-la novamente a dormir.

Desde que trouxemos mamãe, pensava muito no passado, na Lei de Causa e Efeito, Ação e Reação. Meditava em todos os acontecimentos de minha vida e então se dava um fato estranho, via-me como uma outra pessoa, com outro aspecto, diferente fisicamente; sabia porém que era eu. Eram imagens que surgiam em meus pensamentos do passado, em que planejava um crime com ódio e rancor, e executava-o. Naquele dia, na aula, comentei.

– Tenho tido visões estranhas, julgo serem do meu passado, sinto ser eu, porém com fisionomia diferente. Vejo-me a planejar um crime e assassinar. Penso que a ação que fiz resultou em reação nesta encarnação. E sinto que no meu passado estão também papai e mamãe. Talvez seja no passado que encontrarei as respostas para tanto ódio de meu pai. Tenho pensado, professor Eugênio, que mamãe e eu estaríamos melhor se pudéssemos compreender. Não é certo que é preciso entender para perdoar?

– Raul, não é necessário entender motivos para perdoar. Perdoar é um ato de amor. Jesus sofreu aqui conosco encarnado e não foi por reação, visto que sofreu para consolidar e fazer frutificar seus ensinamentos. Entretanto, compreendendo a pequenez humana, disse que os seus algozes não sabiam o que estavam fazendo, e lhes perdoou. Quanto a você, por agora, recordar o passado não é bom. Estas visões são realmente de outra existência sua. Recordar o passado não é para todos, não é fácil recordar nossos erros, para isso é necessário estarmos recuperados. Porque lembrar fatos bons é agradável, mas erros, crimes, não. Mas, caros alunos, o passado está dentro de nós, o espírito não esquece. Num corpo infantil somos agraciados pelo recomeço, pelo esquecimento temporário, mas mesmo assim temos sempre vagas intuições de outras existências. São fobias, pessoas que achamos desagradáveis, outras que amamos logo, sensação de conhecer lugares, saber fazer coisas que nos eram desconhecidas naquelas existências etc.

Há pessoas que recordam mais, às vezes existências inteiras, pessoas, locais, erros e acertos. Recordações espontâneas de espíritos equilibrados são demonstrações de amadurecimento. Não são todos os desencarnados que se recordam de suas outras existências; nem todos estão aptos a recordar, muitos não conseguem e outros não o querem. Às vezes, para o momento, o passado não nos traz nada de bom, porque devemos construir no presente e ter esperanças no futuro. É equivocado o conceito de que basta desencarnar para saber tudo sobre o passado. Para isso é necessário estar apto para enfrentar a realidade, que pode ser de erros, ou recordar para ajudar-nos, ou ajudar aos outros. Quando ela vem espontânea, Raul, é porque chegou o momento, e sabemos que há algo a ser feito em reparação ao passado.

– O Louco recordou? – indaguei. – Que se passou com ele?

– João Felipe não recordou com equilíbrio, só passou para o cérebro físico o crime cometido e este ficou na sua mente, como um disco defeituoso. Há muitos encarnados que se desequilibram com lembranças do passado criminoso, vindo às vezes a se tornar doentes mentais. Alguns vivem o passado e o presente numa confusão desordenada e sofrida. Como João Felipe não se perdoou, perturbou-se e tornou-se doente. Recordou-se do passado, mas somente daquilo que o marcou muito. Não é o caso de pessoas equilibradas que, conhecendo seu passado, ao recordar seus erros, entendem que o sofrimento é a cura de que necessitam ou um grande incentivo para fazer o bem, reparar com amor pela caridade os erros do passado. Quem se sabe devedor sabe também que muito tem de fazer para reparar.

O professor continuou:

– Mas, meus alunos, não devemos querer saber do passado só por curiosidade ou para saber de nossos erros. Temos erros no passado, mas também tivemos acertos, afetos; não devemos nos concentrar só nos erros, para todos eles há reparação, seja pelo amor ou pela dor, sábia amiga que nos faz voltar a Deus. Conhecer nossos erros e amargurar-nos é imprudente, pode levar-nos à autopunição, como fez o Louco. E pode ser que até já os tenhamos resgatado.

– O senhor tem razão, professor – interferiu Jofre. – Tião já pagou por seus erros e Raul também pode ter pagado. Sua morte violenta pode ter sido reação de uma ação má.

O professor sorriu, todos havíamos aprendido a lição.

Pensei: "Recordar meu passado pode ser doloroso, achava assassinatos tão tristes e poderia ter sido um assassino no passado. Precisaria estar apto para enfrentar este fato".

Aproveitei para fazer mais uma pergunta sobre o assunto ao mestre:

– Professor, será que eu me perdoaria, mesmo se soubesse ter sido um criminoso? Não poderei fazer como João Felipe?

– Raul, meu menino, o perdão, como nos ensina Jesus, é para todos, também para nós mesmos. O remorso não deve ser negativo, nosso arrependimento deve ser positivo, não de autopunir, e sim de reparar, construir. Devemos saber perdoar a nós mesmos, tirar, dos nossos erros, acertos; fazer o propósito de melhorar-nos, de ajudar aqueles a quem prejudicamos, se for possível. Caso não necessitem, ajudar a outros que sofrem. Você, Raul, deve pôr em prática os ensinos recebidos e entender que aquele que deseja o perdão com sinceridade é perdoado. Se você perdoou a todos, perdoará a você também, e pense no que Jofre disse: talvez já tenha pagado pelo que fez! Pense também se quer ou não recordar todo o seu passado. As decisões importantes devem ser ponderadas e pensadas.

– Assim farei, professor, pensarei em todos os exemplos que aqui foram narrados e em tudo o que o senhor nos disse.

Passaram-se dias, orei bastante e pensei muito. Não chegara ainda a conclusão nenhuma, só que tinha cada vez mais lembranças do passado. Mamãe ia melhorando devagar, vovó disse-me que ela perdera muita energia no período em que ficara a vagar e ia demorar algum tempo no hospital. Ia visitá-la todos os dias, conversamos muitas coisas. Aquele dia encontrei-a triste, pensativa, sentada no jardim do hospital. Aproximei-me, abraçando-a.

– É você, meu filho?

– Sua bênção, mãezinha querida.

– É tão bom vê-lo.

– Está triste, mamãe. Por quê?

– Aqui tenho você que adoro, mas há suas irmãs, Pretinha, minha casa. Tenho saudade e preocupo-me com elas. Manuel casará e minhas filhas terão madrasta, que será delas?

– Mamãe, Margareth não é má, Taís e Telma já estão grandinhas e Pretinha estará com elas, ajudando-as. Papai as ama muito e não deixará ninguém maltratá-las.

– É isso o que não entendo, como pode um homem lúcido, inteligente como Manuel, fazer tanta distinção de filhos?! Ama tanto as duas, e a você, não.

– Mamãe, antes de sermos vítimas podemos ter sido algozes. Meu pai não conseguiu amar-me, mas isso não deve preocupá-la. Alegre-se e esforce-se por melhorar. As meninas serão felizes.

Mudei de assunto, fiz com que se distraísse. Despedi-me dela com um beijo e com uma certeza: o passado estava dentro de mim, já não podia fugir dele, queria recordá-lo. Senti-me aliviado pela decisão tomada e orei tranqüilo.

O PASSADO

Conversei naquela tarde, após o término das aulas, com o professor Eugênio, em particular, nos jardins agradáveis do Educandário.

– Professor, queria que me ajudasse, quero recordar meu passado. Sinto que tenho de fazer algo para reparar, e não sei o que é. Mamãe às vezes se entristece, não consegue entender o ódio de meu pai. E tenho pensado: será que não cabe a mim acabar com este ódio? Será que não fui eu quem mais errou? Preocupei-me com mamãe quando vagava, ela, que fora vítima. Será que não devo me preocupar também com nosso algoz?

– Raul, pensa certo. Nossa intuição sempre nos mostra a melhor solução a seguir. Se quer

assim, ajudá-lo-ei. Irei ao Departamento do Ministério da Reencarnação, marcarei dia e hora para você ser ajudado a recordar.

Na aula seguinte, o professor deu-me um cartão de apresentação. Seria recebido na seção encarregada dois dias depois; esperei com tranqüilidade, tinha certeza de que era isso que deveria fazer. A meu pedido, o professor Eugênio acompanhou-me.

Já conhecia o Ministério da Reencarnação, excursionando por lá com meus colegas. Era circundado por belas árvores e graciosos canteiros de flores. O edifício muito grande, estilo clássico, impressionou-me muito. Havia sempre muito movimento, na recepção entravam e saíam várias pessoas.

O professor conduziu-me à ala esquerda, onde atravessamos um corredor e entramos numa saleta. Estranhei, só nós dois aguardávamos. O professor Eugênio, conhecendo meus pensamentos, instruiu-me:

– Este departamento tem horário respeitado, chegamos alguns minutos adiantados. Não se perde tempo aqui com esperas inúteis. Logo seremos atendidos pelo doutor Sallus, trabalhador deste departamento. Encarnado, doutor Sallus foi médico e dedicou-se à psiquiatria, muito estudou e pesquisou sobre reencarnação. Agora, desencarnado, continua seu estudo e pesquisas com grande dedicação e o ajudará a recordar seu passado.

Na parede da saleta, havia um quadro enorme mostrando a pintura de várias existências encarnadas de um espírito. Analisei-o, achei muito bonito.

– Boa tarde!

Era Sallus, muito simpático, cumprimentou o professor Eugênio com alegria e depois a mim.

Nós três entramos numa confortável sala ao lado daquela em que aguardávamos. Não era grande, decoração simples, com alguns vasos de flores. Sua claridade era pouca, quase na penumbra.

Tinha uma escrivaninha e, num canto, um sofá, onde se acomodou meu professor. Doutor Sallus acomodou-me num confortável divã e sentou-se ao meu lado em uma banqueta.

Estava à minha frente uma tela fina de uns vinte centímetros de diâmetro. Conhecia bem essas telas que usávamos sempre para projetar imagens, ainda me lembrei do comentário que ouvi, quando vi uma delas pela primeira vez: "Logo, na Terra, inventarão algo parecido que transportará imagens pelos canais construídos, será um aperfeiçoamento do cinema".

Senti vontade de começar e doutor Sallus, pacientemente, explicou:

– Raul, há muitos modos de recordar o passado. Você só necessita de uma pequena ajuda, já que por si só recorda os fatos.

Creio que você recordará normalmente. As cenas vividas, registradas em sua memória, passarão à tela. Agora relaxe e queira lembrar. Não deve exaltar-se, caso aconteça, teremos de parar, para recomeçar outro dia. Se ficar calmo, recordará tudo hoje mesmo.

Doutor Sallus falava compassado, dando-me a seguir suas instruções; relaxei, e minhas existências vieram-me à mente nitidamente, projetando as imagens na tela. Mas nem necessitava vê-las, estavam em mim, surgiam na mente como se tudo tivesse acontecido havia poucas horas.

Foram erros, acertos, recusas ao chamado do bem. Foram-me importantes as três últimas encarnações. (Todos os envolvidos tinham nomes diferentes, mas, para facilitar a narração, darei os mesmos nomes já conhecidos.)

Estávamos num bando de ladrões. Ali conheci Manuel e nos dávamos bem. Fazíamos pequenos roubos, vivendo mais como andarilhos e mendigos. Vieram juntar-se a nós algumas mulheres, entre elas uma muito bonita, Manuela. Apaixonamo-nos ambos por ela. Manuela não correspondia, brincava conosco. Tivemos muitas brigas por causa dela e nasceu o rancor.

Desencarnamos e ficamos na erraticidade, a vagar; bondosamente, benfeitores nos levaram a reencarnar.

Renascemos na Inglaterra, no ano de 1615. Manuel era filho de um fazendeiro, e eu era simples empregado. Apesar de termos a mesma idade e morarmos perto, não fomos amigos, chegamos a nos evitar. Com a morte dos pais, Manuel, muito jovem, herdou a fazenda. Um dia, para surpresa de todos, voltou da cidade onde fora negociar, casado. Manuel era gordo, feio, e eu nascera com defeito na perna direita e coxeava. Quando criança, acidentara o olho esquerdo com uma pedra e ficara cego deste olho, que ficara branco, deixando-me bem feio nessa encarnação.

A esposa de Manuel, meu patrão, chamava-se Manuela, não era bonita, magra, muito loura, logo demonstrou que era frívola, preguiçosa, não tinha modos educados e dava escandalosas risadas. Ao vê-la, meu coração bateu forte e senti que a amava e que a queria. Passei a segui-la sempre que me era possível e olhava-a muito. Manuela logo percebeu meu interesse, gostava de se sentir admirada, ou talvez pela ligação do passado começou a corresponder a meus olhares, fazendo-me sofrer, porque, indeciso, não sabia o que fazer. Assim se passaram anos. Manuela gostava de estar bem arrumada, gastava muito com roupas, e Manuel não era bom administrador; sua situação financeira começou a declinar. Ouvia sempre os dois brigarem, achava que Manuela era infeliz e que me amava. Contudo nunca tivera coragem de aproximar-me dela para uma conversa mais íntima.

Manuel, percebendo que eu amava sua esposa, passou a exigir que trabalhasse mais e pagava-me menos. O administrador e eu cuidávamos de tudo. Invejava meu patrão, comecei a ter raiva dele, que, aos poucos, foi se transformando em ódio. Poderia ter ido embora, mudado dali, mas não queria deixar de ver Manuela.

Um dia, meu patrão, percebendo que a esposa correspondia aos meus olhares, ficou furioso; depois de discutir com ela, veio encontrar-se comigo. Estava transportando pedras em um carrinho de mão. Ao vê-lo raivoso, exaltei-me também e discutimos, trocamos ofensas. Manuel nunca me vira revidar suas ofensas, enervou-se muito e me deu um empurrão com força; caí e bati a cabeça na quina do carrinho, vindo a desencarnar instantaneamente.

Manuel entristeceu-se, não quisera me matar. Muito aborrecido, contou a todos que eu morrera vítima de um ataque de coração. Minha morte foi dada como acidente. Minha desencarnação confundiu-me muito. Quando tomei consciência do meu estado, voltei para a fazenda, perto de Manuel, a quem passei a odiar ainda mais.

Encontrei o ambiente propício: Manuel e Manuela não tinham religião, brigavam muito e ele tinha muitas dívidas. Passei a odiá-la também, porque vi como era realmente, não gostava de ninguém e tinha feito muita chacota do empregado coxo apaixonado. Manuela era mais fraca e foi mais fácil vampirizá-la, obedecia-me mais. Fiquei muitos anos com eles, ajudei Manuel a perder tudo, ficaram na miséria e não tiveram paz, brigavam o tempo todo.

Desencarnaram. Entendendo que o prejudicara muito, voltou-se contra mim e passamos a brigar com furor nos umbrais. Anos se passaram. Cansados, desiludidos, fomos socorridos. Após um certo período, viemos a saber que voltaríamos a reencarnar, seríamos irmãos carnais, tendo assim uma oportunidade de sermos parentes e nos reconciliarmos, acabando com os desentendimentos. A Inglaterra foi novamente nossa pátria. Encarnamos, fomos os únicos filhos de uma família de bons costumes e muito religiosa. Nossa mãe era bondosa e tudo fazia para acalmar nossas brigas, que tínhamos desde pequenos. Crescemos e, por mais que nossos pais nos motivassem, não fomos religiosos, gostando muito de farras e bebedeiras. Manuel era dois anos mais velho, começou a namorar uma moça de situação financeira razoável, casou-se ainda jovem e logo tiveram três filhos. Eu permaneci solteiro, tendo sempre muitos amigos para farrear. Quando Manuel se casou, passamos a nos dar melhor, ele foi morar com o sogro, numa chácara perto da cidade. Logo após ter casado, o sogro morreu e ele passou a administrar toda a chácara, plantando hortaliças e frutas – o que estava lhe rendendo bom dinheiro.

Nosso pai era ferreiro e fiquei trabalhando com ele.

Nesta época, mudou-se para nossa cidade uma família que tinha uma filha que se chamava Manuela.

Apaixonei-me logo por ela, comecei a cortejá-la e ela correspondeu. Pensei pela primeira vez em namorar e casar. Mas meu irmão conheceu-a e também se apaixonou por ela. Manuela, frívola, correspondeu à corte dos dois, embora sabendo que meu irmão era casado e tinha filhos.

O ódio reapareceu e começamos a nos agredir e a brigar. Meus pais sofriam muito com nossas desavenças e minha cunhada, pessoa boa e honesta, começou a desconfiar. Minha mãe foi falar com Manuela, que, cinicamente, disse que não amava ninguém e que se alegrava e se orgulhava de ter os dois a brigar por ela, que não se decidira com quem ia ficar. Mamãe chorou muito, às vezes odiava Manuela por momentos, mas eu a amava e a queria, e ficar com ela era questão de honra para mim; porém não a queria como esposa e sim como amante.

Minha cunhada soube que Manuela queria conquistar seu marido e, num acesso de raiva, insultou-a na saída da igreja. Como Manuel era mais rico, para retribuir a ofensa recebida decidiu ficar com ele. Manuel passou a encontrar-se com Manuela na casa dela e seus pais não se importavam, desde que recebessem dinheiro. Tornaram-se amantes sem mesmo se importar em esconder o fato. Fiquei com muito ódio deles e minha vontade era matá-los. Meus pais sofriam com o procedimento de meu irmão e minha cunhada passou a ser triste, sentindo-se humilhada.

Manuela teve um filho, um menino, e Manuel disse ser seu filho. Logo após o nascimento da criança, Manuela começou a olhar-me com insistência, não deixando esquecer a paixão.

Um dia, fui à casa dela, recebeu-me amável e acabou por dizer: "Raul, arrependo-me da escolha que fiz. Amo você, sei disso agora com certeza, mas temo Manuel, ele é violento, ameaça-me sempre dizendo que se o abandonar me mata. Penso em deixá-lo, fugir dele, sei que me perseguirá".

"Se ele não existisse, Manuela, você ficaria comigo?" – indaguei.

"Claro, é tudo o que quero."

Beijou-me, passei a noite na casa dela. Fui embora de manhãzinha, pensando como ia fazer para tirar Manuela de meu irmão. Meu ódio fazia-me ver como perdedor. Meu irmão me roubava tudo, sempre. Casara bem, tinha dinheiro e roubara a mulher com quem pensei em casar. Tinha de tirá-la dele. Achei então que a melhor solução era matá-lo, assim não continuaria a roubar-me. Pensei em fugir com Manuela, mas conhecia-o, acabaria nos perseguindo e aí seria eu a morrer. Teria de matá-lo e fazer parecer um acidente, não queria ser preso. Arquitetei com cuidado, pensei num plano perfeito. Minha primeira atitude foi arrumar uma namorada, uma moça de família amiga, e disse a meus pais que esquecera Manuela. Procurei fazer as pazes com meu irmão e ele pensou que eu desistira de sua amante. Meus pais alegraram-se com nossa reconciliação, prometi à minha mãe aconselhar o quanto possível meu irmão a desistir da amante e dedicar-se ao lar.

Mas passei a encontrar-me com Manuela regularmente, indo à sua casa às escondidas.

Três meses se passaram e friamente planejei com cuidado o crime que cometeria. Achando que tudo ia dar certo, executei-o.

Escolhi um dia em que meu irmão não costumava ir à cidade, escrevi um bilhete imitando a letra de Manuela, que pouco sabia escrever. Fiz um bilhete com poucas palavras, pedindo para Manuel ir vê-la com urgência. Paguei a um moleque que fazia esse tipo de serviço para levá-lo à casa de meu irmão e entregar a ele; também instruí o garoto para, se perguntasse, dizer que fora o pai de Manuela quem lhe entregara o bilhete.

Voltei rápido para casa e disse para minha mãe:

"Vou à chácara visitar meus sobrinhos, estou com vontade de dar um passeio. Manuel já me convidou várias vezes e não quero que fique com raiva de mim por não ir."

"Vá sim, filho, é tão bom vê-los em paz."

Peguei meu cavalo e parti.

A verdade mesmo era que Manuel não me convidara, e sim sua esposa. Fui bem recebido, agradei as crianças. Logo após, o garoto chegou para entregar o bilhete. Manuel recebeu, leu e queimou-o. Observei tudo disfarçadamente; após se desfazer do bilhete veio até mim.

"Raul, necessito ir à cidade logo após o almoço."

"Pensava em almoçar e ir embora, tenho serviço para fazer. Quer que dê uma desculpa para sua esposa?"

"Agradeceria" – sorriu ele.

Entramos e logo que Maria, sua esposa, veio ter conosco, disse:

"Manuel, o senhor Swill está vendendo umas ótimas cabras, por que não vai vê-las?"

Trocamos idéias e Manuel decidiu ir comigo à cidade assim que almoçássemos. Almoçamos e Manuel mandou arrumar o trole para ir, como eu esperava que fizesse. Manuel raramente andava a cavalo, detestava, preferia usar a carroça. Tudo ia dando certo, despedimo-nos. O filho mais velho dele, meu sobrinho, com cinco anos, quis ir junto e fez tanta choradeira que meu irmão resolveu deixá-lo ir. Tentei persuadi-lo para que não levasse o garoto, mas, não querendo que desconfiasse, não insisti.

"Raul" – disse meu irmão –, "vou deixar meu filho com mamãe: passo lá em casa antes de ir ver as cabras".

"Sendo assim, Manuel, vou na frente, meu cavalo gosta de galopar, ela se alegrará com a presença de William."

Despedi-me de todos e saí na frente; já longe da casa, observei e vi meu irmão e sobrinho partirem. A chácara não era distante da cidade, a casa de meu irmão estava situada num vale muito bonito. Havia um caminho, feito pelo seu sogro, que encurtava a distância, mas subia um morro, era uma estradinha cheia de curvas, rodeada de árvores, tendo passagens perigosas onde havia barrancos e precipícios.

Era pouco usada, passavam por ali apenas os moradores da chácara e alguns sitiantes. Subi o morro a galope. Numa curva perigosa, tomei um atalho, deixei meu cavalo e subi uns metros a pé. Conhecia bem o lugar, já ali estivera antes e preparara tudo. Logo vi meu irmão se aproximar, estava no alto de um barranco e, do outro lado da estrada, um buraco fundo, cheio de pedras. Escolhera com atenção o local, naquela hora ainda pensei: "Matarei também meu sobrinho". Mas seria difícil planejar outro acidente, depois Manuel iria acabar sabendo de tudo, quando se certificasse de que não fora Manuela a lhe mandar o bilhete. Não vacilei, quando meu irmão passou embaixo de onde eu estava, traiçoeiramente levantei um pau com que escorei uma grande pedra, esta rolou e com ela muitas outras, caindo em cima do trole. Vi com frieza os cavalos se assustarem; Manuel protegeu o filho e tentou pular com ele do trole, mas as pedras violentamente lhes caíram em cima. Fugi dali rapidamente, peguei meu cavalo e fui para casa. Naquele momento só senti pelo meu sobrinho. Disfarcei, procurei ficar no meu natural, cheguei em casa, dei notícias aos meus pais e disse à minha mãe:

"Manuel vem vindo, irá ver umas cabras, William está com ele, vai deixá-lo aqui."

Como meu irmão demorava a chegar, meus pais começaram a se preocupar.

"Ora, pode ser que Manuel tenha resolvido levar William junto" – disse.

As horas foram passando e meu pai resolveu ir até a casa de meu irmão.

"Pode ser que tenha resolvido não passar por aqui, então vou vê-los, estou preocupado, com pressentimento ruim. Acho que estou é com saudade das crianças."

"Não vá só, meu velho" – disse mamãe –, "leve Criolo junto".

Criolo era nosso empregado e saíram os dois, fiquei a trabalhar normalmente.

Logo depois, voltou Criolo aos gritos:

"Raul, aconteceu um deslizamento na estrada. Seu pai pede que vá com algumas pessoas para ajudar. Vimos um cavalo soterrado, achamos que é do Manuel."

Mamãe já começou a chorar. Tratei logo de procurar ajuda, em instantes reuni dez homens, amigos e vizinhos e partimos.

Encontramos meu pai lutando por tirar as pedras do caminho, suas mãos sangravam, estava desesperado. Começamos sem demora a tirar as pedras e a terra; duas horas depois, achamos e tiramos dois cadáveres, do meu irmão e do meu sobrinho. Acompanhava o nosso trabalho o médico de nossa cidade. Disse ao examiná-los: "O menino deve ter morrido na hora; Manuel, não, ficou vivo por um bom tempo aí embaixo das pedras".

Foi um acontecimento triste. Todos sentiram a morte deles. Minha cunhada chorou demais pelo filhinho, as crianças pelo pai e pelo irmão e meus pais sofreram muito. Ninguém desconfiou de nada, a estrada foi desativada e para ir à casa de minha cunhada tinha de se dar uma grande volta por outra estrada, porém segura. Mamãe foi a única que me interrogou, querendo saber com detalhes o que acontecera naquele dia, o porquê de ter vindo na frente, se não escutara nenhum barulho. Contei algumas vezes a história que decorara. Ela nada comentava, mas passou a olhar-me diferente e comecei a inquietar-me com sua presença.

Fiquei aborrecido ao ver Manuela, ela pareceu-me sofrer com a morte de meu irmão; continuamos a nos ver às escondidas.

Contudo, não consegui ficar mais tranqüilo em minha casa. O sofrimento dos meus pais incomodava-me e não conseguia encarar minha mãe; sentia que ela desconfiava de alguma coisa. Nada me falava sobre o assunto, parou de interrogar-me. Minha cunhada continuou a morar na chácara, agora com o caminho mais longo pouco nos visitava e meus pais passaram a ver pouco os netos de quem tanto gostavam.

Estava cada vez mais inquieto e nervoso, queria ir embora, partir para longe de casa, achava que longe dali teria novamente sossego. Tinha um tio, irmão de meu pai, que morava em Portugal, decidi ir para lá. Combinei com Manuela de irmos viver lá, ela gostou da idéia; também queria se ver livre dos pais que a exploravam, vivendo à custa de seus amantes. Dei-lhe dinheiro e ela partiu com o filho às escondidas para Portugal; iria primeiro, eu partiria logo em seguida.

Após o almoço, falei com meus pais da minha decisão:

"Pai, quero ir a Portugal, vou a passeio visitar tio Jack. Quero que me dê dinheiro, sempre trabalhei com o senhor e tive só meu ordenado."

"Meu filho, deixar-nos, agora que sofremos tanto?"

"Deixe-o ir" – interferiu minha mãe –, "dê-lhe o que é justo, não o prenda aqui".

Nesta hora tive a certeza de que mamãe sabia que de alguma forma fora culpado da morte de meu irmão. Ela nada dizia para poupar a meu pai e a mim, poderiam investigar e eu ir para a prisão.

Meu pai deu-me todo o dinheiro que tinha guardado e o que apurou com a venda de alguns cavalos. Parti aliviado, despedi-me somente de meus pais, fiz uma boa viagem e fui para Lisboa, onde me encontrei com Manuela. Alugamos uma casa mobiliada e Manuela quis casar, porém eu não quis, preferi tê-la como amante. Vendo que não queria casar com ela, não insistiu, esperava me convencer.

Procurei meu tio, ele trabalhava negociando no porto, estava bem financeiramente e ajudou-me a arrumar um bom emprego.

Melhorara da inquietação, estava mais calmo, procurava nem lembrar o passado. Fui trabalhar num armazém, onde conheci Vitória, a filha do dono. Era feia, alta e magra, logo que me viu interessou-se por mim e passei a dar-lhe atenção.

Meu interesse por Manuela foi acabando, porém ela engravidou e tivemos um filho. Tratava bem as crianças, mas não as amava. Comecei a ter pesadelos, sonhava que estava caindo, estava enterrado vivo. Via nos sonhos meu sobrinho a pedir socorro e Manuel a perseguir-me; acordava aflito. Fui tomando raiva de Manuela, achando que sonhava por causa dela.

Escrevia pouco a meus pais. Eles mandavam três a quatro cartas para que respondesse a uma. Contavam eles tudo o que acontecia lá, davam notícias da minha cunhada e dos sobrinhos que estavam bem, isso me tranqüilizava um pouco. Cobravam sempre minha volta, pediam para retornar. Passei a namorar Vitória e seu pai exigiu que largasse minha amante. Quando Manuela soube do meu namoro, brigamos muito. Ela entendeu que não a amava e, para não nos separarmos, aceitou que eu casasse. Passei a morar sozinho perto do armazém, indo sempre ver Manuela e as crianças, sustentando-as.

Vitória amava-me muito, tentava agradar-me em tudo, eu tratava-a bem. Achava que tinha de casar e esquecer de vez o passado; marquei meu casamento. Escrevi a meus pais contando, eles abençoaram-me. Eles não souberam que Manuela estava comigo.

Na véspera do nosso casamento, Vitória recebeu uma herança. Uma tia solteira deixara uma razoável quantia para ela e seus dois irmãos, mais para ela por ter sido sua madrinha.

Meu cunhado, irmão de Vitória, quis vir para o Brasil comprar terras, aventurar-se. Vitória e eu decidimos vir junto.

Generosa, Vitória deu-me dinheiro para que desse a Manuela, deixando-a para sempre. Comprei uma pequena casa em um bom lugar, no nome de Manuela. Dei-lhe o título da propriedade, comuniquei a ela nossa decisão de partir e me despedi deles. Manuela ficou desesperada, abracei rápido os meninos e saí, deixando-os.

Não queria mais saber deles, queria riscá-los de minha vida. Não queria nada perto de mim que me recordasse o passado.

Meu casamento foi simples e bonito; quinze dias após partiríamos para o Brasil. Escrevi aos meus pais contando, prometi que, logo que nos estabelecêssemos, escreveria mandando o endereço.

Faltavam três dias para nossa partida, Manuela procurou-me, não quis recebê-la. Vitória o fez, esperei no quarto e minha esposa veio dizer-me: "Raul, Manuela disse que a criança menor, seu filho, morreu".

"Melhor assim, Vitória. Nada mais tenho a ver com ela agora."

"Ela quer que você vá ver o menino. Espera você lá embaixo. Vá atendê-la, parece que sofre."

Fui à sala. Manuela, chorosa, contou-me que o menino teve uma forte infecção e morreu, ia ser enterrado naquela tarde. Disse rudemente a Manuela que não queria ver o garoto morto, que tinha o outro filho, que se conformasse e que não me incomodasse mais. Manuela saiu triste. Tratei de esquecer o ocorrido e concentrar-me na viagem que me encantava.

A viagem foi maravilhosa, parei de ter pesadelos, enchi-me de esperança quanto ao futuro. No Brasil, desembarcamos no Rio de Janeiro, tudo me era maravilhoso. Meu cunhado e eu acomodamos nossas esposas num hotel e fomos sem demora à procura de terras para comprar. Ele logo encontrou uma fazenda perto do Rio, comprou-a e fomos morar com eles, até que eu achasse algo que nos conviesse.

Aí, comecei a ter novamente os pesadelos; inquieto, tratei de ir mais longe, fugi, como se mudando de lugar parasse a tormenta dos sonhos. Fui para o interior, achei uma boa fazenda com preço que convinha e comprei-a. Fomos, Vitória e eu, para lá. Minha esposa esperava um filho, agradava-a muito e tudo fiz para tratá-la bem. Os pesadelos espaçavam-se e com muito trabalho e gosto fui ajeitando a fazenda.

Vitória escrevia muito para os seus, lembrava-me sempre que escrevesse para os meus pais. Depois de muito tempo escrevi-lhes, responderam-me que estavam doentes e muito saudosos. Sentia culpa por eles estarem sozinhos, escrevi-lhes por obrigação e as cartas deles cheias de carinho doíam-me; não gostava de recebê-las, nem de recordar o passado.

Os pesadelos voltaram a ser freqüentes. Comecei a me retrair, não gostava de fazer amigos, não gostava realmente de ninguém. Passei a deixar minha esposa muito sozinha, parei de dar-lhe atenção, por mais que tentasse entender o porquê, não conseguia. Tivemos cinco filhos, três meninos e duas meninas. Por mais que me esforçasse não conseguia conviver bem com os meus.

Ficando um tempo sem receber notícias de meus pais, não me preocupei, até que recebi uma carta de um tio dizendo que eles haviam morrido, meu pai primeiro; três meses depois, minha mãe. Senti um certo alívio, nem mesmo orei por eles.

Fui me fechando, não me importava com ninguém, os pesadelos atormentavam-me tanto que tinha horror a dormir.

Sentia que meu irmão estava sempre comigo, todos os instantes lembrando-me do crime que cometi. Achava um pouco de sossego só no trabalho. Trabalhava na fazenda de sol a sol. Tratava bem os empregados, tinha poucos escravos, que viviam como empregados, trabalhava mais que qualquer um deles e tornei-me rico.

Quatorze anos se passaram desde que cometera os assassinatos de meu irmão e sobrinho. Veio um dia à minha procura uma mulher andarilha. Como insistiu em ver-me, fui até a porteira da fazenda.

"Que deseja? Já não lhe deram esmola?"

Indaguei, porque todos que pediam esmolas recebiam; os empregados, por minha ordem, faziam isso. A mulher olhou-me, de seus olhos escorreram lágrimas. Ela falou, emocionada:

"Sou Manuela, Raul, Manuela."

Nada mais tinha da mulher que levara meu irmão e eu a brigar. Magra, mal vestida, com muitos cabelos brancos, pálida e com dentes estragados. Levei um susto.

"Manuela! Você?"

Abri a porteira para que ela entrasse, pedi para um empregado levá-la a uma casa que estava desocupada.

Fui para casa e mandei que levassem cama, roupa e comida para ela. À tarde fui vê-la. Agora estava limpa, vi logo que estava doente.

"Manuela, que lhe aconteceu? Como veio parar aqui? Como me achou?"

"Raul, nada para mim deu certo, acho mesmo que mereço o que passo. Sempre tive amantes. Quando mudei para a cidade onde vocês moravam, tratei logo de arrumar um e escolhi Manuel, que sustentava a mim e aos meus. Queria mesmo era ficar com vocês dois, nunca pensei em deixá-lo. Quando ele morreu, pensei em mudar de vida e ir embora com você. Deixei os meus, nunca mais soube deles. Quando você me deixou, fiquei triste e senti muito a morte de nosso filho; você partiu, deixou-me a casa. Logo tratei de arranjar quem me sustentasse, porque não queria trabalhar. Tive muitos amantes. Lembrava-me sempre de você e resolvi vir para o Brasil à sua procura, vendi a casa e partimos, eu e seu sobrinho, meu filho com Manuel. Desembarquei no Rio de Janeiro e logo vi que não seria fácil achá-lo. Deixei meu filho com uma senhora, pagando-lhe por mês para que cuidasse dele, e fui trabalhar numa casa de prostituição. Tive outro filho, que nasceu morto; logo fiquei grávida novamente e expulsaram-me do prostíbulo, porque estava com suspeita de estar doente dos pulmões. Sem saber o que fazer, andei pelas ruas, desesperada, aí encontrei seu cunhado, que não me reconheceu. Contei-lhe então que fora amiga de seus pais, que os conheci quando criança e que queria revê-lo, fazer-lhe uma visita. Ele ensinou-me a vir aqui. Vim, então, atrás de você, não pedir por mim, e sim por seu sobrinho; está com quinze anos, não sabe fazer nada, se não pagar à senhora que cuida dele, ela o porá na rua. Ajude-me, Raul, ajude-me!"

Manuela chorou muito, vi então que estava com febre alta e que estava grávida de seis meses; ajeitei a casa para que ela ficasse ali, ordenei a uma empregada que cuidasse dela. Não tinha médico por perto, demos medicação caseira. Visitava-a todos os dias, ela foi piorando, prometi que iria ao Rio de Janeiro e cuidaria de seu filho. Oito dias após Manuela ter chegado à fazenda, morreu. Enterramo-la logo após. No outro dia fui para o Rio de Janeiro e levei a família para passear.

Logo que cheguei fui à procura do filho de Manuela. Encontrei-o, paguei à mulher e revi o garoto. James era franzino, calado, pareceu-me assustado. Contei a ele que a mãe morrera, pareceu não se importar. Conversei com ele, tinha pouco estudo e queria estudar. Achei a solução. Internei-o num colégio, onde estudaria e se formaria. Combinei mandar pagamento anual e por carta. Deixei-o lá, nem me despedi. Por cinco anos, mandei o pagamento. A diretora escrevia-me. James era um bom aluno, estudara e saíra de lá com um bom emprego. Nunca escrevi a ele, nem ele a mim. Depois que saiu do colégio, não soube mais dele.

Eu vivia sozinho, pouco conversava, só trabalhava e me agoniava com os pesadelos. Muitas vezes, quis ir embora, às vezes pensava em voltar para Portugal ou ir para a Inglaterra, ou outras províncias do Brasil – queria fugir. Vitória foi contra, depois os filhos também; não querendo ir sozinho, fiquei. Nunca fui feliz, nem tive paz. Agora, recordando, vi que Manuel perseguiu-me com ódio feroz. Ele não se conformara com sua morte, com minha traição, com o modo e o motivo pelos quais lhe tirei a vida física. Obsediou-me sem descanso. Meu corpo não agüentou o ritmo de vida que levava, senti-me mal na lavoura, meus empregados trouxeram-me para casa, desencarnei no caminho; estava somente com quarenta e nove anos.

Deixei os meus familiares bem, financeiramente. Não sentiram minha morte, não os amei, mas também não fui amado.

Quando meu corpo morreu, senti muita dor, pensei ter desmaiado, adormeci. Acordei, estavam me velando, tive uma sensação horrível. Senti alguém me chacoalhar e, apavorado, reconheci meu irmão Manuel.

"Saia daí, seu cachorro! Agora poderei castigá-lo como merece e não terá mais o corpo para se esconder. Você morreu! Seu corpo morreu! Espanta-se, por quê? Achou que ia ficar para sempre escondido nesse corpo?"

Apavorei-me tanto que saí, levantei-me e vi meu corpo ali deitado, sendo velado. Olhei para Manuel que me observava rancoroso. Fugi, saí a correr.

Ai, meu Deus, foge-se de tudo, menos de nós mesmos! Não tinha coragem de revidar as ofensas e castigos que Manuel me infligia, só fugia, fugia, corria sem sossego, escondia-me e ele achava-me. Manuela reuniu-se a nós. Meu irmão também a castigava e nós éramos três figuras tristes a vagar pelo umbral.

Acabei enlouquecido de dor e remorso. Muitos anos se passaram. Meus pais conseguiram acalmar Manuel e fazer com que me perdoasse. Meus genitores socorreram-nos e fomos nós três levados a um posto de socorro. Com tantas lições de amor, fizemos as pazes. Necessitamos de um longo tratamento para nos recuperarmos, principalmente eu, que estava em estado de muita perturbação. Pedi perdão a Manuel com toda a sinceridade e arrependimento, ele disse ter me perdoado. Meus pais nos fizeram prometer que esqueceríamos os rancores do passado e que aproveitaríamos a oportunidade de encarnação para aprendermos a amar. Manuel e Manuela reencarnaram, prometendo casar e receber-me por filho.

Recuperado, agradeci a reencarnação no posto de socorro, estudando e trabalhando, ajudando os necessitados que ali estavam. Fiz um firme propósito de emendar-me e viver só no bem.

A DECISÃO

As lembranças pararam, escutei a voz carinhosa do doutor Sallus:

– Está bem, Raul?

– Sim, estou. Agradeço-lhe comovido por tudo.

Deixou-me novamente tão à vontade, nada censurou, nada comentou. Ajudou-me a levantar, conversou com o professor Eugênio sobre amigos comuns. Após nos despedirmos, saímos, estava calado, o professor respeitou meu silêncio. Sentei-me num banco do edifício e o professor sentou-se ao meu lado.

– É estranho, professor, estou muito aborrecido... Sabia que errara, mas, ao ver meus

erros confirmados, deu-me uma vontade de chorar e tive vergonha do doutor Sallus.

– Sallus respeita, meu aluno, a dor do próximo; ali está para ajudar, não para julgar. Lembro a você neste momento, Raul, que o evangelista Lucas (VII:43-50) nos narra tão bem a passagem da pecadora que lavou os pés do Mestre com lágrimas e enxugou-os com seus cabelos! Sabendo Jesus que eram observados e o recriminariam por permitir que uma pecadora fizesse isso, o Mestre deu-nos a lição tão bela: *Pelo que te digo: lhe são perdoados os muitos pecados, porque muito amou!*

– Recomenda-me, professor, que devo amar muito?

– Todos nós, Raul, devemos amar. Amar ao Pai, ao Mestre Jesus e a todos como irmãos. A falta de amor nos afasta do bem. Vocês três muito erraram por não amarem. Voltaram às vestes carnais, você conseguiu perdoar; Manuela também se regenerou, amou, foi honesta, trabalhadeira e boa mãe. Manuel não conseguiu. Por quê? Porque não conseguiu amá-los, realmente; não lhes perdoou.

– Professor, será que amo meu pai? Amo minha mãe, amo agora de modo puro Manuela. Perdoei meu pai, quero que seja feliz, mas só isso bastará? Será que não necessito amá-lo? Que será dele? De nós três, só ele ficou para trás. Plantou a má semente, como será sua colheita?

– Raul, a Misericórdia de Deus é para todos nós. Seu pai terá oportunidade de corrigir-se, como você teve. Mas cabe a nós, que já conseguimos compreender, ajudar os irmãos que estacionam no ódio e no rancor.

– Professor, e as outras pessoas que conviveram comigo nas outras existências, onde estão? Meus pais, que sofreram tanto por minha causa. Vitória e os filhos, minha cunhada e sobrinhos, William, que assassinei?

Nesse instante chorei, doía-me a recordação em que vi meu sobrinho morto entre as pedras, com cinco anos somente.

O professor ignorou meu choro, falou-me como sempre com voz agradável e calmamente.

– Raul, tivemos, temos sempre ocasião de amarmos a todos como irmãos. Muitas famílias tivemos e muitas famílias teremos, fazendo-nos encontrar sempre afetos e desafetos. Pelas suas recordações só vocês três aparecem unidos. Os outros foram companheiros de viagem. Seus pais demonstraram superioridade em relação a vocês, os ajudaram e socorreram. Vocês necessitaram desse sofrimento, desse aprendizado. Encarnaram no País de Gales para continuar seu progresso. Sua cunhada e sobrinhos, assim como Vitória e os filhos, não se mantiveram unidos a vocês, não foram amados, não os amaram, não se sentiram prejudicados, perdoaram. Não deve preocupar-se com eles, caminham para o progresso. Quanto a William, foi o primeiro a perdoá-lo e aceitou o fato como uma colheita de sua semeadura. Aprenderá, meu caro Raul, a amar a todos como sua família de agora em diante.

– É tão estranho, filhos, pais, esposa, nada a eles me prende, só me preocupo com Manuel.

– Não é tão estranho assim; você se sente reconciliado com todos; com Manuel, não. Deixo-o sozinho, deve meditar em tudo o que recordou e orar pedindo a Deus que o ilumine. Recomendo-lhe não ficar triste, tristezas não pagam dívidas, mas sim o amor e o trabalho.

Fiquei horas ali. Aquele lugar era tão lindo e agradável. Pensei em como Deus é misericordioso e como a Lei da Reencarnação é de infinita bondade. Pensei também no que o professor me falara. Da mulher que muito amou e que foi perdoada. Eu tinha recebido o perdão, fora perdoado e muito tinha de amar e fazer este amor dar frutos. Agradecido, profundamente agradecido ao Pai Celeste pelas oportunidades que me foram dadas, orei muito e me senti tranqüilo, em paz.

Fui encontrar com vovó e contei-lhe tudo. Vovó Margarida animou-me, compreendendo-me; senti-me outro. Nada tinha de criança, sentia-me adulto, responsável, e sabia que tinha muito a fazer.

Fui visitar mamãe, contei-lhe suavizando tudo, principalmente o que se referia a ela. Pareceu-me que escutava uma história de que não participara. Nada recordava.

– É tão estranho, Raul, pensar que já voltamos à Terra em corpos diferentes. Embora só entendendo isso é que compreendemos tanta coisa. Acredito em tudo o que você disse, acho triste saber que fui tão leviana. As nossas desavenças do passado não nos importam e sim que agora somos amigos e nunca mais brigaremos, porque aprendemos a nos amar com pureza.

– Tem razão, mamãe, nunca mais brigaremos, nos amaremos sempre. Mamãe, que pensa fazer? Logo estará boa e sairá do hospital.

– Vou morar com minha mãe. Quero estudar, entender todas essas coisas que vim a conhecer agora e trabalhar.

– Sentiria minha falta se me ausentasse?

– Raul, está a pensar em quê? Quer se ausentar? Sentiria a separação, não a ausência. Quem ama não se separa, eu amo você e não quero, por egoísmo, prendê-lo.

– Obrigado, mãezinha, amo-a muito também. Tem razão, quando amamos, não nos separamos, podemos ficar sem a presença um do outro, mas não separados.

Beijei-a com todo o carinho.

Compareci à aula na manhã seguinte. Éramos todos tão amigos que nos preocupávamos e participávamos dos problemas uns dos outros como se fossem os nossos próprios. Quando o professor Eugênio saía com um de nós, individualmente, era para ajudar, e todos os outros da classe orávamos e vibrávamos para que tudo desse certo. Participávamos com interesse sincero dos acontecimentos que envolviam cada um. A curiosidade às vezes nos envolvia, aprendemos a controlá-la, ninguém indagava, o relato era espontâneo. Todos sabiam o que eu fora fazer no dia anterior, aguardavam ansiosos meu pronunciamento.

Começávamos a aula com uma prece, feita quase sempre por um de nós. Naquele dia pedi para fazê-la. Com emoção recitei uma prece com profundo sentimento de gratidão:

"Graças eu te dou, Pai Celeste
Pelas oportunidades das reencarnações,
Nesta escola terrena
Onde aprendemos a amar, a perdoar,
Onde podemos tirar lições de erros
Para acertos futuros...
Porque de existência em existência,
De degrau em degrau,
O progresso nos espera com bênçãos
Para que alcancemos a felicidade
E a paz que tanto almejamos,
Felizes daqueles que amam sem sofrer
E abençoados os que sofrem e aprendem a amar..."

Em seguida pedi para falar e contei tudo o que recordara. Ninguém me interrompeu e, pela sala de aula, só se escutava minha voz. Nada escondi, descrevi a eles a dor do remorso, a sensação dolorida de me sentir culpado.

– Sentir-se culpado, meus colegas, é horrível, a dor é tanta que nos dilacera em agonia. Como é bom, maravilhoso, ter paz para orar, que felicidade é não ter por que se envergonhar dos próprios atos. Assassinei meu irmão por motivos fúteis, tanto que abandonei Manuela logo após. Arrependi-me e queria fugir dos meus atos sem o conseguir. Poderia ter pedido perdão, ter sido religioso, orado. Envergonhava-me de orar, parecia que profanava a religião se o fizesse. Não tive o refrigério da prece. Queria fugir, afastar-me de tudo o que recordava meu crime. Fugi dos meus pais, dos sobrinhos, que deixei órfãos, fugi do país, de Manuela, porém não tive sossego, não consegui fugir das responsabilidades de minhas obras. Estas estavam em mim, acompanharam-me sempre. Não podia pensar em Deus, temia-o e envergonhava-me. Que tristeza é querer fugir dos nossos próprios atos, que amargura é nos envergonharmos de nós mesmos! O remorso é um fogo que queima sem destruir, é ter um inferno dentro de nós, é ter a sensação de que nunca passará! Desencarnado, continuei em pior condição de sofrimento, o que fiz, minhas obras, acompanharam-me além-túmulo. Que tristeza é ter erros e remorso por companhia! Sentia-me tão culpado que nem perdão conseguia pedir por achar que nem isso merecia. O remorso dói, dói tanto que agora entendo o porquê de muitos espíritos pedirem a encarnação para esquecer, não se importando com os sofrimentos que terão de passar, porque nada lhes parece pior que a dor do remorso. Aprendi, meus amigos, que fugir não nos leva a nada; temos, sim, que assumir a responsabilidade que nos compete, com esperanças de acertos!

"Não quero mais fugir de nada, principalmente do Mestre Jesus, dos seus ensinamentos. E quero ser um servo útil da seara do Pai. Mas, estive a pensar, como aprender a ser uma pessoa útil, continuar a estudar e trabalhar, deixando um adversário para trás? Será que não tenho primeiro que me reconciliar? Será que não cabe a mim procurar fazer esta reconciliação? Com o perdão e a resignação dos sofrimentos, venci o ódio. Não odeio; mas meu pai, Manuel, continua a odiar-me. Que será dele? Matou a esposa leal e um filho, não terá nós dois a persegui-lo, terá, porém, seus atos, sua consciência, e disso não terá como fugir. Nós três nos ligamos por erros e rancores; Manuela e eu nos entendemos e estamos procurando acertar, ele ficou odiando. Será justo deixá-lo sem ajuda? Não estarei tranqüilo sabendo que ele me odeia e que não me perdoou. Queria ter a oportunidade novamente de pedir-lhe perdão. Sei que oportunidades não faltarão, o Pai sempre no-las dá. Terei de esperar no futuro uma reencarnação com ele? Meu pai tem somente trinta e quatro anos. Será que não poderei agora me reconciliar com ele?

Fiz uma pausa, estava emocionado, olhei para meu professor e continuei:

– Ajude-me, professor, o senhor que tanto já me ajudou, ajude-me novamente. Quero reencarnar, voltar agora para a Terra, ser filho de Manuel outra vez. Ele vai casar-se novamente, poderei voltar junto dele e fazer tudo para conquistá-lo e ser amado por ele.

– Raul, o que você pede não cabe a mim decidir. Contudo levarei seu pedido à seção encarregada e advogarei por você. Como na prece que você fez, a reencarnação é uma oportunidade que é dada a todos, igualmente. São muitos os que querem e necessitam reencarnar. Muitos esperam anos para o regresso à carne. Quem tem pouco tempo de desencarnação só pode reencarnar com permissão especial. Quero, Raul, que saiba que não poderá ter lá uma fácil estada como encarnado. Terá de lutar para conseguir o que quer e poderá não alcançar o objetivo. Depois, Manuel plantou má semente e tem uma colheita dolorosa. Terá de sofrer para reajustar-se, já que recusou a lição pelo amor. Sente-se você bastante forte para enfrentar isso, Raul?

Pensei por uns instantes e respondi com firmeza:

– Sim, sinto-me forte para voltar para o lado dele. É justo que sofra com quem já fiz sofrer. Quero ter a oportunidade de ser filho de Manuel novamente.

Meus colegas opinaram, a maioria achava que eu estava certo, outros achavam que deveria esperar.

– Meus alunos – interferiu o professor Eugênio –, Jesus nos recomendou que procurássemos sempre a reconciliação, que perdoássemos sempre e que pedíssemos perdão, que amássemos a todos e que fizéssemos tudo para sermos amados.

Educadamente, meu mestre deu por encerrado o assunto e iniciou a aula.

Uma semana depois, o professor deu-me a notícia.

– Raul, seu pedido foi atendido, deve acompanhar-me logo após a aula ao Ministério da Reencarnação.

Sorri, feliz.

Novamente o Ministério pareceu-me grande e majestoso. Atravessamos a recepção e entramos no Departamento das Reencarnações.

– Aqui, Raul – explicou meu mestre –, organizam-se num trabalho incansável as reencarnações dos moradores desta colônia.

Tudo muito limpo, decorado com cores claras. Havia muitos sendo atendidos e explicações eram dadas sobre diversos aspectos da reencarnação.

Estávamos num imenso salão e logo o professor Eugênio localizou a pessoa que nos atenderia. Fomos apresentados. Mariana, alegre, simpática, cativou-me:

– Raul, analisamos seu pedido e pergunto-lhe: é realmente o que quer?

– Sim, é o que quero.

– Muito bem, dentro de três meses volta à Terra como único filho varão do casal Manuel e Margareth. O casal terá outra filha, é um espírito doente, internado em nossas enfermarias. Sua irmãzinha não será perfeita, errou muito e destruiu um corpo perfeito; agora, volta para harmonizar-se e reconciliar-se com sua futura mãe carnal. Raul, deve saber também que reencarna para um objetivo: reconciliar-se com seu pai! Estará encarnado poucos anos, devendo voltar logo. Está bem para você?

– Sim, está. Tudo o que quero, Mariana, é reconciliar-me com Manuel, para depois me oferecer com trabalho e gratidão a Deus.

– Muito bem, marcarei outra entrevista para discutirmos alguns detalhes, porque logo deverá internar-se aqui.

Despedimo-nos como bons amigos.

Contei para vovó e decidimos falar com jeito para mamãe. Meus colegas ficaram contentes e recebi muito incentivo.

Sete dias depois, fui para a entrevista marcada. Não fora à aula, deveria ficar algum tempo no Departamento. Fui mais cedo, fiquei no salão observando as pessoas.

– Será que Cecília me aceitará agora? Já fui abortado três vezes! Parto agora com tantas esperanças...

– E não deve perdê-las, João – animava-o a atendente. – Ela está bem de saúde. Vibraremos para que tudo dê certo.

– Tenho orado muito para que dê certo – continuou o senhor. – Sabe a senhora que na minha última passagem pela Terra fui médico e fiz muitos abortos. Aqui aprendi a dar valor à vida encarnada em todas as suas fases, quero voltar e lutar contra este ato cruel. Entendo, porém, que recebo a colheita do que plantei.

Suspirou triste, nem deu tempo para escutar mais, porque dois senhores me abordaram.

– Psiu! – disse um deles.

– Não o conheço – disse o outro.

– Não é Mário? – indagou o primeiro.

– Não, senhores, chamo-me Raul.

– Confundi, prazer em conhecê-lo, sou Jonas e este é Jair. Vai reencarnar?

– Sim, pretendo – respondi.

– Já pensou em como vai ser seu corpo físico? Estamos a discutir isso.

– Eu, não.

Sentamo-nos numa das laterais e Jonas esclareceu-me:

– Vou pedir para ter, em tenra idade, bronquite. Sim, meu rapaz, bronquite, isto me manterá afastado do fumo.

Fumei muito na encarnação passada, não fui mau, tive uma vida tranqüila e honesta graças a Deus. Mas fui escravo do vício, arruinei minha saúde, embora desconhecesse o mal que me fazia. Desencarnei, que tormento! Fiquei desesperado para fumar. Fui socorrido e logo após meu desencarne fui para um posto de socorro, não quis ficar lá e passei a vampirizar para ter a sensação de que fumava. Como fui infeliz, era um trapo humano, sofri nas mãos de espíritos maus, vaguei sem sossego, sofri dores e humilhações! Um dia, cansado, orei muito e senti necessidade de abandonar de vez o fumo. Fiz um firme propósito de deixar meu vício, não vampirizei mais ninguém, fortaleci-me nas orações e consegui.

Espantei-me com o que ouvia, e meu simpático confidente continuou:

– Vícios não acabam como nosso corpo carnal, nos acompanham além-túmulo, digo que é mais fácil abandoná-los encarnado. Para livrar-nos dos vícios necessitamos lutar com muita vontade e vencê-los, senão somos vencidos. Quando temos algum vício, não somos livres, somos escravos dele. Ao conseguir deixar de fumar, fui socorrido. Agora, volto a reencarnar, e, temendo uma recaída, vou pedir a graça de ser doente. Com bronquite, me manterei afastado do fumo.

Achei genial a idéia dele, Jair interferiu:

– Acho que seu pedido, amigo Jonas, será aceito. O meu, não sei. Sabe, Raul, também sou vicioso. Há muito luto contra o vício de roubar. É verdade, pertences alheios me fascinam. Já fui pobre, rico, e não venci o vício. Na pobreza dou sempre desculpas de que me falta tudo. Mas, encarnado rico, roubei, apoderei-me de bens de minha mãe, irmãos, organizei quadrilha e roubei muito. Ainda bem que distribuí muita esmola e ajudei a muitos, porém não anulei minhas faltas. Minha vida tem sido assim, roubo, sofro, arrependo-me, faço propósito de corrigir-me; volto à carne e tudo recomeça. Aqui, tive uma orientação caridosa e sinto-me mais fortalecido. Mas, temo; no corpo se esquece muito. Como numa das minhas encarnações tive por castigo meu braço direito cortado, em vista de ter sido apanhado roubando, não roubei mais naquela encarnação. Estive a pensar: Jesus não disse que era melhor entrar na vida sem braço ou algo que lhe servisse de motivo de erro? Vou pedir – e espero conseguir – para reencarnar sem os dois braços físicos. Sei que não provarei que estou curado do vício se não puder fazê-lo. Mas acredito que, se ficar uma encarnação sem os braços, darei valor a eles para o uso do bem.

– Não será muito duro? Não é fácil viver sem os braços – disse, admirado!

– Meu rapaz, poderei viver quanto tempo encarnado? Sessenta, setenta anos, sem braços. Certamente não é mais que cem anos a sofrer pelos umbrais como já fiquei. Temo mais sofrer no umbral. Sei que encarnado não me lembrarei do que falo agora. Tenho a certeza, porém, de que sentirei que é justa minha deficiência e que é melhor para mim.

– Talvez os senhores tenham razão, vou pedir também para ter um físico que me facilite o que me proponho a fazer.

Mariana chamou-me, tive que deixar os dois senhores com uma ligeira despedida. Após cumprimentá-la, não contive a curiosidade e disse-lhe:

– Estive a escutar pessoas enquanto aguardava ser chamado. Queria, se pudesse, que me esclarecesse o que não consegui entender.

– Pode perguntar, Raul, explico-lhe com prazer.

– Todas as pessoas que vão reencarnar passam por este Departamento?

– Raul, são inúmeras as colônias pelo Brasil e todas elas têm o departamento que ajuda os reencarnacionistas. Também há trabalhadores nesta área nos postos de socorro. Mas nem todos passam por este processo de ajuda, por este planejamento.

– Planejamento? Pode-se fazer planos para reencarnar?

– Sim, você não o está fazendo? Não volta à Terra com o objetivo de uma reconciliação?

– É verdade. Mas pode-se planejar o corpo físico?

– Sim, pode pedir, mas são os técnicos que planejam. Os reencarnantes fazem os pedidos, que são aceitos ou não, conforme o parecer dos trabalhadores daqui, visando somente ao melhor para cada pedido.

– Há pedidos para que haja facilidades na vida física, como ser rico ou belo?

– Para facilidades materiais, não há. Aqui, Raul, todos passaram por aprendizado e entendem a vida como uma continuação. Pode acontecer de muitos até quererem, porém temem as conseqüências; reencarnados, esquecem o que aprenderam aqui, este desejo é fortalecido pelas ilusões. Tantos lutam desesperados para terem essas facilidades num curto período de encarnação, comparado com a eternidade. Há sim, aqui, os que pedem a prova da riqueza, ou querem ser ricos por algum objetivo.

– Tempo de encarnado, pode-se marcar?

– Sim, entretanto marca-se mais uma época e dificilmente o tempo certo. O tempo marcado é uma missão realizada, uma lição aprendida, um trabalho a fazer.

– Entendi, volto por pouco tempo, por um objetivo, não é?

– Não será tão pouco tempo assim; desencarnará na adolescência. Raul, você desencarnou meninote, foi uma lição para amar a vida; tirou a vida física de uma criança no passado. Raul, não existe regra geral, única, na espiritualidade, cada caso é um caso.

– Mariana, um senhor disse que ia pedir para ser deficiente. Todos os deficientes encarnados o são por escolha própria?

– Grande parte, Raul, pediu para reencarnar assim. Muitos desarmonizados reencarnam transmitindo ao corpo físico suas deficiências; há muitos dentre eles que destruíram o corpo perfeito.

– Suicidas?

– Não se pode dizer que com todos aconteça assim, suicidar-se é uma ação ruim e a reação é justa, cada um terá o que merece, só que a Misericórdia Divina é para todos. De um modo geral, todos os viciosos danificam o corpo, uns muito, outros pouco. Os toxicômanos destroem o cérebro perfeito, tanto o físico quanto também a parte perispiritual; o fumo danifica a parte respiratória e outras, e o vício da calúnia, as cordas vocais. São muitas as maneiras de danificar um corpo perfeito que o Pai nos deu. E voltam num corpo deficiente para aprender a dar valor ao corpo sadio. Muitos viciados com os perispíritos danificados podem recuperar-se no mundo espiritual, podendo escolher ao reencarnar o que melhor lhes pareça. Há os que não conseguem recuperar-se aqui, então a reencarnação no corpo deficiente é o remédio de que necessitam. Os piores casos, Raul, são os que danificam pelo remorso destrutivo seu perispírito e querem reencarnar assim. São quase sempre dementes, com falta de membros etc.; nesses casos, benfeitores levam-nos a reencarnar compulsoriamente. Tantas vezes, Raul, sofrem bem menos reencarnados do que na espiritualidade e saram, na carne.

– Embora seja um assunto tão sério, Mariana, encanta-me pela justiça que todos nós recebemos. Só que os pais de deficientes na Terra não sofrem também?

– A verdade, Raul, é que para tudo há explicação. Você terá uma irmã, como já lhe disse, deficiente mental. Está internada conosco há tempos e não se recuperou, sente muito remorso. Margareth contribuiu em existência passada para seu suicídio. Agora, além de reconciliarem-se, vão resgatar erros comuns. E seu pai matou um filho perfeito, pode bem receber um deficiente. Muitos casos estão nessas circunstâncias, erraram juntos. Outros tudo fazem por amor. Amam tanto a um espírito que necessita ser deficiente, que por escolha pedem para serem pais dele para ajudá-lo e estarem juntos.

– Que sentimento lindo é o amor! Se pudesse, Mariana, queria ser parecido com meu pai. Se me parecesse com ele, seria mais fácil amar-me, poderia ter o mesmo jeito de andar, de falar, gostar das mesmas coisas.

Mariana sorriu:

– Pode, sim, Raul, vamos providenciar para que você, encarnado, seja parecido com Manuel.

Combinamos alguns detalhes. Deveria ir mais vezes ao Departamento e marcamos o dia em que lá ficaria para reencarnar.

– Não se preocupe, Raul, dormirá, seu perispírito tomará a forma de um feto e será levado para junto de sua futura mãe.

Saí do departamento convicto de que teria de conversar com minha mãe e contar-lhe minha decisão. Fui visitá-la. Após agrados, contei que voltaria à carne.

– Raul, Margareth ficou com tudo o que era meu, até você vai ser filho dela!

– Mamãe, não pense assim! Vamos nos esforçar para amar Margareth. A maior culpa dela foi ser amante de meu pai, com a senhora ainda encarnada. E sua colheita não será fácil. Desencarnarei na adolescência e ela, como mãe, muito sofrerá, terá uma outra filha, que será deficiente. A dor ensinará Margareth tornando-a mais humana. Depois, mamãe, Margareth está sendo boa para as meninas, vovó sempre os visita e nos tem dado notícias. Taís, Telma e Pretinha gostam dela. E o que é que é nosso realmente? Que coisa material nos pertence? A casa foi sua, agora é de Margareth, e no futuro de quem será?

– Tem razão, meu filho, vamos amar Margareth como irmã. Você a amará mais do que me ama?

– Vou pronto a amar a todos, não amarei ninguém mais do que a senhora.

– Não posso dizer que estou feliz com sua decisão, mas procuro entendê-lo. Será que Manuel não fará mal a você novamente?

– Não creio, vou confiante e tudo dará certo. Manuel e eu seremos amigos.

Abraçamo-nos comovidos.

Passei a ir pouco à escola, era com pesar que a deixava. Queria reconciliar-me primeiro com meu próximo, para depois estudar e me preparar para oferecer-me ao Criador e ser um servidor de Cristo. Fui a palestras que falavam sobre reencarnação, perdão, amor e li muito sobre estes assuntos.

O tempo passou rápido, a véspera de meu internamento no Departamento chegou. Dediquei o dia para me despedir de amigos queridos. Conversei longamente com vovó, ela prometeu-me seguir meus passos quando encarnasse, olhar sempre por mim e incentivar-me nos períodos difíceis. Despedi-me de mamãe, não pude resistir à emoção e chorei. Ela, porém, incentivou-me.

– Raul, o tempo passará logo, estará conosco novamente dentro de alguns anos e aqui estarei a esperá-lo. Estudarei, trabalharei, me modificarei para melhor, orgulhar-se-á de mim, quando voltar. Abençôo você, meu filho, Deus o proteja.

Fui à minha escola querida. A minha classe, que surpresa, estava toda enfeitada com cartazes, desejando-me êxito, receberam-me em festa. Um dos meus colegas, Hugo, em nome da turma fez um discurso, animando-me, e finalizou:

– Raul, quando temos bons propósitos o Alto nos abençoa. Sei, sabemos todos nós, que revestir um corpo físico não é fácil para os que têm consciência da luta que os espera. A ilusão da carne é prova difícil. Mas nenhuma circunstância da vida deve nos entristecer. Escolheu o caminho que julga ser o melhor, vá e seja feliz. Aqui lembraremos de você como um amigo corajoso, um colega exemplar!

Abracei a todos e ouvi palavras carinhosas e amigas. O professor abraçou-me rápido, quis lhe falar, agradecer, mas ele saiu da classe. Tinha ainda duas horas, fui a um local da escola que chamávamos de Recanto do Recolhimento e fiquei a orar.

Este recanto fazia fundos com a lateral, onde havia uma quadra coberta com flores muito bonitas, muitos bancos e muita paz. Meditei sobre os ensinamentos e agradeci comovido a Deus.

Ao levantar-me, vi o professor Eugênio a me esperar.

– Quero acompanhá-lo, Raul.

Minha intenção era a de ir sozinho, já me despedira de todos, mas não pude negar a companhia de meu mestre querido.

Falamos de assuntos que nada tinham a ver com o que ia fazer, recordamos fatos engraçados e nos pusemos a rir.

Logo que chegamos ao jardim do Ministério, paramos.

– Raul, a vida não pára, continua sempre.

Entendi agradecido o que ele quis dizer-me. Partiria para reencarnar, tinha muitos planos cuja realização dependeria também da vontade e do livre-arbítrio de outros. Mas nada pára, tudo continua. A vida desencarnada era para mim maravilhosa, porém necessitava de um período reencarnado como continuação de vida.

– Sei, professor, que não gosta de muitos agradecimentos; sou-lhe grato, o senhor ajudou-me sempre que necessitei. Obrigado!

– Minha recompensa é ver meu ensino dar frutos nas ações dos meus pupilos queridos. Estou orgulhoso de você, Raul, faz o que eu faria se estivesse em situação parecida. Foi um prazer conviver com você.

Abraçamo-nos ternamente, saí quase a correr pelo jardim e, ao chegar à porta, olhei para trás, o professor Eugênio não estava mais lá. Esperançoso, entrei. Mariana estava a esperar-me alegre como sempre, foi receber-me.

Logo mais, adormeci.

REENCARNADO

Aguardava ansioso a chegada de meu pai para acompanhar-me à escola, era meu primeiro dia de aula. Completara sete anos na semana anterior e recordava com alegria minha festa de aniversário, em que recebi meus amiguinhos e ganhei lindos presentes.

Estávamos na sala, sentara-me no tapete para esperar meu pai, Pretinha arrumara-me cuidadosamente e eu ficara pronto bem antes da hora. Mamãe Margareth e Pretinha estavam sentadas no sofá conversando, e Valquíria, minha irmã, estava deitada no chão, quieta, com uma de suas bonecas quebradas. Valquíria quebrava todos os seus brinquedos, até os meus se os

pegasse, parecia que gostava de vê-los quebrados, principalmente as bonecas.

– Ricardo é lindo, dona Margareth!

Ao ouvir Pretinha dizer meu nome prestei atenção no que conversavam, sem deixar, entretanto, de continuar a mexer no meu estojo novo.

– É verdade, Pretinha – disse mamãe, toda orgulhosa –, não é só bonito, como educado e bondoso; só escuto elogios quando as pessoas se referem a ele, sou orgulhosa do meu filho.

– É tão parecido com o senhor Manuel, tem o mesmo jeito de andar, de falar, gosta das mesmas coisas de que o pai gosta.

– Pretinha, quando fiquei grávida de Ricardo, Manuel ficou nervoso, não queria menino. Quando Ricardo nasceu, até temi que ele não gostasse do filho; Taís e Telma gostaram tanto do irmão, lembra-se, Pretinha? Não ficaram com ciúme e todos, ao ver o nenê, diziam que era parecidíssimo com o pai. Manuel ficou tão estranho, desconfiado, não conseguia entendê-lo, não queria nem pegar o menino. De tanto insistir, ele o pegou. Ricardo chorava e ficou quieto no colo do pai: Manuel gostou de ter o menino nos braços. E assim foi, toda vez que Ricardo chorava, o pai o pegava, ele parava. Sorria sempre para o pai, a primeira vez que bateu palminha foi para ele, como as primeiras sílabas foram pá-pá. Graças a Deus, Manuel esqueceu a antipatia pelo menino e, com o tempo, passou a gostar de Ricardo. Também Ricardo agrada tanto ao pai, faz tudo o que ele quer!

– Ricardo é assim com todos. Não tenha ciúme, dona Margareth. Ricardo a ama muito também.

– Sei disso, Pretinha, e não tenho ciúme. Queria que Valquíria fosse como ele. Ainda bem que ela está quieta hoje, assim terminarei esta toalha do enxoval de Taís.

– Taís casará no mês que vem. Ela será feliz, Márcio a ama tanto! Dona Margareth, quando a senhora casou com o senhor Manuel, temi pelas meninas, pensei que não fosse dar certo. Bobagem minha, somos todos tão felizes! Taís e Telma gostam tanto da senhora e dos irmãos! A senhora é boa madrasta e vivemos bem todos esses anos...

– Tem razão, Pretinha, deu certo. Gosto das meninas como se fossem minhas filhas e tenho feito tudo o que posso por elas. Com você também deu certo, não é, Pretinha? Não casou, mora conosco como se fosse da família, gosto de você e sei que nos ama muito. É feliz conosco, não é? O que nos impede de sermos totalmente felizes é Valquíria; é tão feia, esquisita, débil mental. Confesso, Pretinha, que às vezes tenho vergonha dela. Tantos médicos consultados, nenhuma esperança de cura, dizem que irá melhorar, poderá falar sílabas. Sílabas, Pretinha, não frases; e que com exercícios andará! Acho que irá ficar cada vez mais feia. Olho para ela e dói-me o coração.

– A senhora não deve se envergonhar de sua filha, dona Margareth. Valquíria é doente, Deus sabe o porquê, não entendemos e perguntamos tanto por quê. Deve ser justo e para o bem dela. Eu gosto dela como é, e acho que devemos amá-la mais por ser assim!

Observei Valquíria; era feia, realmente. Tinha quatro anos, balbuciava somente, gritava muito e também babava. Não andava, ficava onde a colocávamos, gostava de ficar no chão, às vezes se arrastava, deitada. Era loura, tinha cabelos ralos, cabeça pequena, olhos puxados e lábios grossos. Não fazia nada sozinha, só brincava e quebrava suas bonecas. Pretinha cuidava dela, trocava-lhe as fraldas, dava-lhe banho e alimento na boca. Valquíria tinha crises nervosas, chorava e gritava batendo as pernas e braços, e não conseguíamos nunca saber o porquê. Quando começava a chorar, tínhamos que acudir, senão ela acabava se machucando.

Mamãe e Pretinha passaram a falar do bordado da toalha. Observei minha mãe; era linda, estava sempre bem arrumada e bem vestida. Ia freqüentemente ao cabeleireiro e à costureira, saía para visitar amigas e participava de festas. Pretinha era quem administrava a casa, tomava conta de tudo, principalmente de nós, minha irmã e eu. Tínhamos três empregadas para fazer todo o serviço e, mesmo com Valquíria fazendo muita bagunça, a casa era muito bem arrumada.

Em casa, não havia brigas, tinha duas irmãs mais velhas a quem amava muito, eram lindas e bondosas. Taís, a mais velha, ia se casar logo, e meu cunhado, Márcio, era bom moço, trabalhador, papai gostava muito dele, tinha um posto de gasolina. Telma namorava firme Carlos, que estudava medicina, e iam casar logo que ele se formasse. Elas não eram filhas de minha mãe, só de meu pai com sua primeira esposa, que havia morrido.

Elas chamavam minha mãe de Margareth, não de mamãe, e eram muito amigas, nem pareciam madrasta e enteadas das histórias que se ouve por aí.

– Ricardo, está pronto? Vamos?

Era papai que viera para levar-me à escola.

Corri e fui beijar Valquíria, ela sorriu, sorria sempre para mim. Depois beijei mamãe e Pretinha e segurei firme a mão que meu pai carinhosamente me estendera. De mãos dadas, percorremos o curto trajeto até a escola, senti-me confiante e orgulhoso dele. Deixou-me na porta da escola e despediu-se, beijando-me a testa.

– Ricardo, comece hoje, meu filho, a aprender para ser alguém importante no futuro.

Entrei na classe confiante, a escola parecia satisfazer todas as minhas expectativas de aprender. Decepcionei-me com o passar do tempo, ela não era bem o que ansiava encontrar. Mas amava estudar, aprender, e fazia tudo com facilidade.

O tempo passou, crescia forte e sadio, em casa tudo ia bem. Taís e Telma casaram. Taís morava perto de casa, estava sempre conosco e tinha dois filhos lindos. Telma fora morar em outra cidade e vinha visitar-nos sempre. Valquíria não fizera progresso, não aprendera a caminhar bem, andava muito pouco, com dificuldades, e caía muito; gostava muito dela e ela de mim. Quando tinha crises, eu corria e abraçava-a, falava com ela, contava histórias. Ela abraçava-me forte e muitas vezes batia em mim, dando pontapés, tapas. Não importava, nunca me machucou, não tinha forças, abraçava-a mais forte e acabava por acalmá-la. Só eu conseguia fazer isso, acalmá-la com carinhos. Sempre que ela me via, sorria e chamava-me de "Ri-Ri".

Ia completar dez anos, meu pai perguntou-me o que queria ganhar de presente. Há tempos tinha vontade de ter um carrinho e respondi, sem hesitar: – Um carro de boi!

– Carro de boi? – exclamou mamãe. – Que presente estranho, nem se usa mais esse tipo de transporte!

Expliquei como queria e meu pai prometeu procurar e dar-me de presente. No dia do meu aniversário, ganhei-o logo cedo, agradeci contente, porque sabia que meu pai havia procurado muito. Sentei-me no chão e pus-me a brincar com ele.

Quando meu pai saiu, deixei-o de lado e Pretinha me disse:

– Não era isso o que você queria, Ricardo?

– Sonhava com um diferente, Pretinha.

– Tenho um no meu quarto, que guardo de lembrança. Vou mostrá-lo, venha comigo.

Pretinha dormia num quarto ao lado da cozinha. Entramos.

– Pretinha, lembra-se de quando eu dormia aqui?

– Ricardo, que idéia, nunca dormiu aqui.

– Nem quando estava doente, Pretinha? Lembro que dormi aqui.

– Nunca dormiu aqui, nem quando estava doente ou era pequeno. Você está imaginando. Está confundindo. Olha, aqui está o carro de boi.

– Que lindo, Pretinha! Puxa, é bem assim que eu queria, mas não anda, foi quebrado e consertado. Queria um como este, mas que andasse. Por que guarda como lembrança, de quem era?

– Este carrinho era de seu irmão que morreu, foi presente da avó dele. Raul gostava tanto dele que, quando morreu, guardei-o de lembrança. Estranho, Ricardo, não sei, gosto dos dois da mesma forma, não sei dizer de quem gosto mais. Embora Raul tenha morrido há tanto tempo, sinto-o perto de mim e continuo a querer bem a ele.

– Sou parecido com ele, Pretinha? Como era Raul? Ninguém daqui de casa gosta de falar dele.

– Raul era fisicamente diferente de você, porém você tem algo dele que não sei bem o que é.

– Tome-o, Pretinha, guarde-o novamente, lembrança é lembrança! Depois, acho que foi tolice minha querer um carro de boi, nem nunca vi um de verdade...

Naquela tarde, escutei Taís comentar que ia ao cemitério visitar o túmulo de sua mãe. Insisti com ela para que me levasse.

Acompanhei Taís na visita ao cemitério e achei tudo muito estranho, nunca tinha ido lá. Paramos na frente de um túmulo e li os dizeres da placa de bronze. Ali estavam sepultados Manuela e Raul. Taís colocou flores e orou. Observei tudo, curioso.

– Por que vem aqui, Taís? Nada tem aí, só esqueletos.

– Ora, Ricardo, é costume, venho orar.

– Não é melhor orar em casa?

Taís não respondeu e pensei: "Não volto mais aqui, que lugar sem graça, acho que nem a mãe de Taís, nem Raul, estão por aí".

– Taís, conte-me o que aconteceu com eles.

– Ricardo, papai não gosta que falemos desse assunto.

– Por quê?

– Acho que sofreu muito e não gosta de recordar. Ele fez tudo para que Telma e eu sofrêssemos o menos possível, foi uma tragédia. Ele sempre fez tudo para que não sentíssemos a falta deles e tem sido tão bom!

– Papai não está aqui, nem precisará saber. Taís, conte, vamos!

– Está bem, vou contar. Era muito pequena nem lembro direito. Um dia, Telma e eu fomos ao ensaio do coral e Pretinha foi levar-nos. Mamãe ficou com Raul. Não sei por que, ninguém sabe o que pode ter acontecido, eles saíram, foram mortos e jogados num poço.

– Que poço, Taís? – interrompi.

– Não existe mais, tamparam-no logo após. Quando o ensaio terminou, não os encontramos em casa, procuramos por toda parte e não encontramos. Chamamos papai no armazém, já era de noite, ele chamou a polícia e todos saíram a procurá-los, os vizinhos, parentes e amigos. Por dois dias consecutivos de aflição, procuramo-los. Eles haviam fechado a casa, não levaram nada. Em casa não havia sinais de violência, não faltava dinheiro e não tínhamos pista alguma. Até que um lavrador, ao passar perto do poço, sentiu um cheiro desagradável, olhou para dentro dele e os viu; foi tudo muito triste.

– E o assassino, foi o danado do Louco?

– Sim, ele os matou e jogou-os ali, no poço.

– Você o conhece, Taís?

– Eu! Que pergunta, Ricardo, claro que não, ele é um assassino cruel!

– É também um homem, filho de Deus.

– Ricardo!

– Não tem curiosidade de saber como é ele, odeia-o?

– Não odeio, perdoei como todo cristão deve perdoar. Não tive vontade de conhecê-lo, e por que o faria? Ele matou friamente minha mãe e nosso irmão. Raul seria um homem, agora.

– Se ele não morresse, eu não estaria aqui.

– Por que, Ricardo?

– Ora, se meu pai não ficasse viúvo, não casaria de novo e eu não nasceria.

– É. De fato é isso.

Não falei mais nada, sabia que o Louco estava preso na cadeia da cidade e fiquei curioso em conhecê-lo, tanto que por semanas fixou-se em mim essa idéia, só pensava nela. Até que surgiu uma oportunidade. Por ter faltado uma professora, fomos dispensados. Não hesitei, fui à delegacia que era no mesmo prédio onde ficavam os condenados. O senhor Antônio, o delegado, era um senhor simpático, bondoso, e os comentários sobre ele eram de que era muito humanitário com todos.

Gaguejei ao falar o que queria:

– Senhor Antônio, vim visitar, ou melhor, conhecer o Louco.

– Sabe, menino, que ele matou seu irmão?

– Sei sim, senhor. Só quero vê-lo, saber como é.

– Venha comigo, mostro-o a você.

Não gostei nada da cadeia. Lugar triste, cômodos pequenos e fechados, com grades grossas. O sol não entrava muito por ali, o ar era úmido e não havia muita claridade.

– Aqui está o Louco – disse o senhor Antônio.

Olhei bem, a cela era pequena e tinha poucas coisas: uma cama, uma mesa e uma cadeira. Ele estava sozinho. O Louco era um homem magro, abatido, louro e barbudo, estava vestido com roupas velhas, porém limpas. Olhou-me, seus olhos eram azuis, muito azuis. Não sei por que senti que ele sofria e não me pareceu mau, nem assassino.

– Olá, como vai? – disse-lhe.

Ele não respondeu e virou-me as costas.

– Ele não fala? – indaguei ao senhor Antônio.

– Logo que veio para cá, falava muito, às vezes por horas seguidas, depois foi se aquietando, hoje fala muito pouco.

– Ele recebe visitas?

– Não, nunca recebeu, foi abandonado por todos, nunca soubemos se ele tem família.

– Coitado! – exclamei e logo me arrependi.

Que pensamento faria de mim o delegado ouvindo dizer que era "coitado" o assassino de meu irmão! Levantei a cabeça e encarei-o. O senhor Antônio sorriu para mim. Nos seus olhos vi que ele também partilhava do meu sentimento.

– Obrigado, senhor Antônio. Se pudesse fazer mais um favor, não diga a ninguém que estive aqui, vim escondido.

– Não falarei a ninguém.

Conheci o Louco, mas não sosseguei. Ficava a pensar nele lá, sozinho, talvez passasse frio, tendo falta de roupas e de alimentos, como doces e frutas; fiquei a planejar como faria para visitá-lo de novo e ajudá-lo. Meu pai trabalhava muito e não ficava em casa durante o dia, mamãe saía muito e, quanto a Pretinha, era fácil enganá-la. Tinha o costume de dizer sempre aonde ia e só saía com permissão. Não queria mentir, sabia que nunca iam deixar-me ajudar o Louco e estava cada vez mais com vontade de fazê-lo.

– Pretinha! – disse e virei-me de costas para ela, para que não desconfiasse. – Tenho um colega na escola bem pobre, coitado, é maior que eu, bem magro, resolvi ajudá-lo. Você arruma umas coisas para dar a ele, um cobertor, roupa de cama, toalha de banho e roupas? Só que as minhas não servem, nem as do papai, só se você as encurtasse; vou levar doces e frutas para ele hoje à tarde.

– Tantas coisas assim? Que idéia estranha, Ricardo, levar doces e roupas de cama. Já falou com sua mãe?

– Meu colega vai ficar envergonhado se os outros souberem que o estou ajudando, gostaria de dar-lhe um agasalho e um cobertor. Não precisa dizer nada à mamãe, é só arrumar para mim.

– Sem ordem de sua mãe, não arrumo!

Insistia com ela, quando papai entrou e levei um susto:

– Que quer, Ricardo, amolar Pretinha?

– Não senhor, papai, estou pedindo para arrumar umas coisinhas para eu dar a um menino pobre da minha escola.

Nem sei como consegui mentir, e meu pai nem percebeu que falara meio engasgado.

– Como você é bom, filho! Quer ajudar um coleguinha? Pode dar a ele o que quiser. Pretinha, deixe-o ajudar os pobres. Se quiser, Ricardo, vá ao armazém e pegue um agasalho, recebemos uns bons, porém simples.

– Obrigado, pai.

Papai saiu e eu disse a Pretinha:

– Papai deixou, agora arrume tudo o que lhe pedi.

Pretinha olhou-me desconfiada, conhecia-me bem, sabia que mentia e que a história que contava não devia ser bem assim.

Fui à escola e após a aula passei pelo armazém e peguei um agasalho grosso do tamanho que achei que serviria nele.

Ao chegar em casa, Pretinha tinha arrumado tudo o que pedira, menos o cobertor.

– Não temos em casa para dar, Ricardo, usamos muitos para Valquíria.

Nada respondi. Entrei no meu quarto, peguei então um do meu armário, era grosso, bom e o esquentaria naquele lugar frio. Escondi-o no saco com as outras roupas. Não queria que Pretinha visse que ia levar meu cobertor novo.

Às duas horas, resolvi levar.

– Ricardo – disse Pretinha –, não é muita coisa para você levar sozinho? Quer que vá junto?

– Levo fácil, Pretinha, não é muito.

Andei depressa, olhando para os lados, certificando-me de que nenhum conhecido me veria.

– Boa tarde, senhor Antônio, vim trazer algumas coisas para o Louco. Se autorizar, fico-lhe agradecido.

– Puxa, quanta coisa! Seus pais sabem disso?

– Bem, mais ou menos, sabem que isto é para um pobre; só não contei quem é o pobre, também não perguntaram. Só o senhor sabe, mas guardará este segredo, não é?

O senhor Antônio riu.

– Está bem, será um segredo nosso. Venha, abro a porta para você entrar na cela, aliás, ela nunca fica trancada.

– Não fica?

– O Louco nunca quis fugir. Com a porta aberta ou fechada, não chega perto da grade.

Entrei na cela com o senhor Antônio.

– Boa tarde, "seu" Louco!

Ele virou-se para mim, sua fisionomia não se alterou. Olhou-me somente, continuei a falar, todo prosa:

– Chamo-me Ricardo, vim visitá-lo e trouxe umas coisas para você. Goiabada, bolachas e frutas, gosta? Aqui está, lençóis, toalhas e um cobertor, é quente! Veja estas roupas!

O Louco olhava para tudo o que eu tirava do saco e sorria para mim. Fiquei tão feliz com seu sorriso que me senti recompensado e achando que a mentira não fora assim um ato ruim. Pegou um pedaço de doce e comeu educadamente.

– Bem, agora tenho de ir, até logo.

E para espanto do delegado, ele falou:

– Obrigado.

Fui embora feliz, tão feliz que Pretinha logo notou!

– Puxa, Ricardo, levar aquelas coisas para seu amigo fez-lhe bem, faz tempo que não o vejo tão alegre. Às vezes sinto-o triste, não sei por quê. Você sabe?

– Não sei, Pretinha, sinto falta de um lugar e não sei nem onde é. Queria ir para uma escola diferente, mas não sei explicar como. Anseio por ir embora e nem sei para onde.

– Complicação de menino, isso passa, deve repetir o que fez hoje, é tão bom vê-lo contente.

"Repetir!" Pretinha deu-me uma idéia, ia voltar a visitar o Louco e levar-lhe alimentos e doces, muitos doces.

– O que tem de fazer, Ricardo, é estudar muito, se quiser ser doutor, e um dia irá estudar em outra cidade – disse Pretinha, saindo da sala, deixando-me sozinho.

Pensei: "Por que será que sinto saudade de coisas que não entendo bem o que são? Queria freqüentar uma escola cheia de amigos, com professores que entendessem seus alunos, onde houvesse respeito e não existissem brigas. Será que existe uma escola assim? Onde? Por que será que sinto saudade e não consigo saber de onde? Acho que é melhor não pensar mais nisso e sim saber como fazer para visitar o Louco novamente".

Pensei, pensei e achei que na quinta-feira seria o ideal: à tarde mamãe ia tomar chá com suas amigas, era dia de fisioterapia de Valquíria e Pretinha ficava muito ocupada. Sairia de casa sem problemas.

Pretinha logo descobriu a falta do meu cobertor, tive que contar a ela que o dera ao meu amigo; ela ralhou comigo, mas não contou à mamãe, atendendo a meu pedido.

Na quinta-feira fui visitá-lo novamente e levei o que tinha pronto na minha casa: bolo, bolacha, doces e frutas. Conversei, ou melhor, falei, ele escutava-me somente, pareceu gostar de me ver. Quase todas as quintas-feiras ia visitá-lo, parecia que alguém me ajudava a sair, pensava, era Deus que aprovava o que fazia, parecia até que tudo me era facilitado em minhas saídas!

Ninguém contara aos meus e eles nunca se interessaram por meu amigo pobre para quem levava ajuda. Dizia em casa, em tempo de aula, que ia fazer trabalho em grupo, ou ia à biblioteca; nas férias, que ia à casa de amigos e até mesmo que ia brincar no fundo do quintal, desculpando-me que não queria ver Valquíria fazer exercícios, depois acertara na escolha do dia. Mamãe saía e Pretinha ficava ocupada com Valquíria; minha irmã dava um trabalhão para fazer os exercícios. O senhor Antônio e os poucos soldados comprometeram-se em não dizer nada a ninguém.

E, assim, fui visitando o Louco. Papai dava-me dinheiro, dava-me tudo o que pedia e com minha mesada comprava o que achava que fazia falta a ele. Às vezes levava também algum agrado aos outros presos, mas os outros estavam sempre a reclamar, não me interessava em conversar com eles e sim com meu amigo.

Nas primeiras visitas, meu estranho amigo respondia com a cabeça ou com monossílabos e eu falava por nós dois, contava-lhe acontecimentos ocorridos comigo. Uma vez perguntei:

– Gosta de mim, Louco? – Respondeu que "sim", afirmando com a cabeça. Continuei: – Somos amigos então, diga-me seu nome, não se chama Louco, não é?

Ele olhou-me triste, arregalou mais os olhos e não respondeu. "Talvez não saiba, não se recorda" – pensei.

– Não faz mal, amigo, deve ter esquecido, todos o chamam de Louco e esse apelido não é tão ruim assim. – Ele sorriu e indaguei mais: – Louco, sabe rezar? Não! Quer aprender? Vou ensinar-lhe.

Recitei devagar a prece do Pai-Nosso, ele gostou, então resolvi ensiná-lo não só a orar, mas também uma religião, a que freqüentava, a católica.

Passei a levar livros e ler para ele, contei-lhe a vida de Jesus muitas vezes, lia um Evangelho para crianças, com lindas gravuras. Acabei dando o livro para ele, porque meu amigo gostava muito e, como me disseram, passava horas a folheá-lo. Quando me via, ele sorria feliz, prestava muita atenção em tudo o que eu lhe dizia. Um dia me fez uma surpresa: logo que entrei na sua cela, disse devagar, com sua voz estranha, desafinada:

– Ricardo, sei orar sozinho.

E recitou, com emoção, a prece do Pai-Nosso e da Ave-Maria!

– Que beleza, Louco! Rezou direitinho!

Não falou mais e nunca mais repetiu alto as orações. Com gestos ele me fez entender que orava todos os dias.

Três anos se passaram...

Encontrei-o gripado naquela semana; achei-o desanimado e triste, mas pensei que logo sararia. Mas, na segunda-feira, quando ia para o colégio, encontrei na esquina o senhor Antônio, o delegado. Ele me chamou. Fui até ele.

– Ricardo, estava à sua espera. O Louco está doente e quer ver você, não está bem seu amigo. Chamamos o médico, está medicado, porém não reage à medicação. Pediu-me para chamá-lo, avisar você.

– Obrigado, senhor Antônio, vou logo que puder.

Entrei na sala de aula aborrecido e preocupado, segunda-feira era um dia difícil de sair de casa, tinha de inventar uma boa desculpa. Não conseguia prestar atenção à aula.

– Ricardo, que tem? Está doente? – indagou o professor logo após o recreio.

Sem muito pensar, respondi: – Sim, estou, quero ir embora.

A diretora foi comunicada e deu-me autorização na hora.

– Pode ir, Ricardo, você quer que o acompanhe?

– Não, senhora, vou sozinho.

Ser um bom aluno, aplicado, tinha lá suas vantagens, ninguém duvidou de mim. Senti um pouco de remorso por mentir, mas como contar que ia visitar o assassino de meu irmão e que era amigo dele? Saí rápido do colégio e, para que ninguém desconfiasse, contornei o quarteirão e fui rápido para a delegacia.

– Senhor Antônio, que tem o Louco? – indaguei.

– O estado dele é grave, começou como se fosse uma gripe, comprei remédios, mas não adiantou. Ontem, chamei um médico para examiná-lo e foi constatada uma pneumonia em estado avançado. Recomendou-nos que o internássemos num hospital, porque está fraco e debilitado. Ao escutar que era para o levarmos ao hospital, ele chorou e, para nosso espanto, falou frases e pediu-nos: "Senhor Antônio, por favor, não me leve ao hospital. Aqui vivi tanto tempo e aqui quero morrer. Tenha dó de mim, deixe-me aqui, não quero ir para outro lugar".

– O médico disse-me que dificilmente ele sobreviverá, porque seu coração está fraco e falhando. Aqui é seu lar, ficou preso tanto tempo que quer ser liberto na sua cela. Sim, Ricardo, liberto do corpo e da prisão.

Corri pelo corredor para ver meu amigo, a porta estava aberta, como sempre. Estava deitado e, ao ver-me, sorriu e exclamou:

– Amigo!

Estava vermelho pela febre e respirava com dificuldade.

– Louco, como está? Vai melhorar logo, amigo. Ore!

Orei, contei alguns pedaços da vida de Jesus que sabia de que mais gostava, o nascimento do Mestre em Belém, a parábola do "Senhor da Vinha" e a do "Lázaro e o Rico".

Fiquei com ele, até a hora em que terminava minha aula. Despedi-me dele, sorriu e nos seus olhos havia gratidão. Nem consegui almoçar direito, só pensava nele, tive vontade de vê-lo novamente e acabei dizendo à Pretinha:

– Vou à casa de um colega levar um caderno, ele faltou à aula hoje e tenho de passar-lhe a lição.

– Está bem, Ricardo.

Fui depressa ver meu amigo.

Senhor Antônio, ao ver-me, foi dizendo:

– Ricardo, que bom que você voltou! O médico acabou de sair, chamei-o novamente, porque logo que você saiu, ele piorou e está mal. Esperamos que venha a morrer a qualquer instante.

Entrei na sua cela e chamei-o:

– Louco, Louco, sou eu, Ricardo.

Com esforço ele abriu os olhos, olhou-me, desta vez não sorriu, duas lágrimas correram por seu rosto. Sentei-me na sua cama e o senhor Antônio na cadeira. Peguei a mão dele, tentou olhar-me novamente, suas pálpebras abriram só um pouquinho para depois se fechar novamente.

Sua mão estava gelada e ele respirava com muita dificuldade. Alguns minutos se passaram e, de repente, parou de respirar, aquietou-se suavemente. Olhei para o senhor Antônio.

– Ele morreu, Ricardo, foi libertado.

Estava com treze anos, nunca vira ninguém morrer, mas não me impressionei. Doeu-me, porém, a idéia de que não ia ver mais meu amigo. Comecei a chorar e fui consolado pelo delegado.

– Ricardo, não chore, foi melhor para o Louco, deixe seu amigo partir em paz. Não devemos chorar quando a vida de um amigo melhora...

Acalmei-me.

– Vou embora e não volto mais aqui. Obrigado, senhor Antônio, obrigado por tudo.

– Não quer ficar com alguma coisa dele de lembrança?

"Lembranças... Basta-nos o que fica no coração" – pensei.

– Não, senhor, não quero, obrigado.

Fui embora aborrecido e só me senti melhor após ter orado muito por ele. No outro dia, meu pai comentou:

– Ontem morreu o Louco, foi enterrado hoje. O delegado e os soldados compraram um caixão e fizeram-lhe o enterro.

Ninguém comentou nada. Senti meu coração doer, porém naquela hora tive certeza de que meu amigo estava bem. Corpo, caixão, enterro, isso não devia interessá-lo, nem a mim tampouco.

Depois de um tempo, Pretinha comentou:

– Ricardo, não vai ajudar mais aquele seu amigo? Não sai mais às quintas-feiras, o que aconteceu?

– Meu amigo, Pretinha, mudou-se. Para onde foi não necessita mais de minha ajuda, e o grupo de estudo das quintas-feiras foi desfeito.

– Que bom, Ricardo, poderá ajudar-me nos exercícios que dona Eliza vem fazer com Valquíria, ela só se acalma com você!

O tempo passou, vivíamos felizes, tendo problemas comuns, solucionáveis, como todos os encarnados têm.

DE REGRESSO

Completei dezesseis anos, meus pais fizeram uma grande festa e a casa encheu-se de amigos. Gostava de todos e era querido por eles. Era motivo de alegria e orgulho para meus pais, principalmente para meu pai. Sentia uma alegria que não conseguia entender ao sentir que meu pai me amava e não entendia bem o porquê de querer tanto que ele me amasse e de ter sempre necessidade de agradá-lo e de fazer tudo o que ele queria, com carinho.

Às vezes minha mãe comentava esse fato, agradava-a também, mas era meu pai a pessoa a quem mais tinha vontade de agradar e alegrar. As aulas iam começar logo, cursava o segundo

ano do curso técnico em contabilidade. Aproveitava os últimos dias de férias; porém, não ficava à toa, ajudava meu pai no armazém; nas férias ia o dia todo; no tempo de aula, ia à tarde. Trabalhava no escritório do armazém e já fazia trabalho de responsabilidade. Papai sempre dizia, orgulhoso:

– Você, Ricardo, é o filho que todos os meus amigos queriam ter.

Tomávamos café naquela manhã de sábado, estava contente, acordara feliz e tranqüilo. Pretinha disse:

– Ricardo, já é tempo de pensar o que irá estudar, terá de ir para outra cidade.

– Você deve estudar para ser doutor – disse mamãe. – É estudioso e inteligente, que tal ser médico como Carlos, filho?

– Não sei – respondi, desinteressado.

– Não sabe nada este menino – resmungou Pretinha.

– Ora, não resolvi, não sei se continuo a estudar ou fico ajudando papai.

Papai sorriu:

– Ricardo, meu filho, estou forte ainda, e não sendo velho posso tomar conta de tudo sozinho. Você tem de pensar no seu futuro e fará o que achar melhor. Quando minha primeira esposa morreu, reparti o que era dela entre as meninas, elas estão bem financeiramente e muito bem casadas. Valquíria nunca poderá ter nada. O que é meu será seu, o armazém, esta casa. Se gosta deste trabalho fique comigo, mas se quiser ser doutor, vá estudar, a escolha deve ser sua.

– Obrigado, pai. Quero pensar bem para resolver.

– Tem tempo, faltam dois anos para se formar.

Meus pais saíram e Pretinha voltou a insistir:

– Ricardo, não consigo entendê-lo, às vezes você parece tão estranho! Já notou que não fala no futuro? É como se ele não existisse para você, não faz planos, não quer casar, nem pensa em namorar. Por quê?

– Sei lá, não queira respostas que não sei dar. Por que acha estranho? Só porque não sei se vou continuar a estudar ou não? É como papai disse, tenho este ano e o outro ainda, tenho tempo para pensar. Quanto a namorar, acho, Pretinha, que não me convém agora, sinto-me menino ainda; depois, quando for embora, não quero deixar garota nenhuma sofrendo por mim.

– For embora? Vai então estudar em outra cidade? Por que diz sempre isso, Ricardo: "Vou embora", "quando partir"?

– Eu sei lá, Pretinha, você está me confundindo com tantas perguntas!

Saí da cozinha, fiquei na varanda esperando pelo meu pai para irmos ao armazém. Aos sábados abríamos o escritório só pela manhã, à tarde estaria de folga. Fiquei a pensar: "Será que Pretinha tem razão? Seria eu diferente dos outros garotos porque não gostava de pensar no futuro, nem de fazer planos? Por que essa sensação de que ia partir, de que ia embora e não sabia para onde? Às vezes, principalmente nos últimos meses, parecia que me despedia de tudo e de todos. Tinha a impressão de que ia mudar. Para onde?" Indagava-me confuso. Achei melhor esquecer essas esquisitices e pensar noutra coisa, isso só poderia ser crise de adolescência, como dizia Taís, bem-humorada.

Fomos ao escritório, regressamos para o almoço, estava um dia muito quente que prenunciava tempestade.

Papai almoçou, saiu e logo voltou.

– Ricardo – disse ele –, vou a um sítio aqui perto, quer vir também? Ofereceram-me para que o compre, quero ver o local e se as terras são boas, ajudará a opinar, voltaremos logo. Joaquim e Pedro irão conosco, venha!

Joaquim e Pedro eram empregados de papai e amigos, gostavam de passear, sair com ele. Eu também gostava de sair com meu pai, apreciava o campo, e o convite entusiasmou-me.

– Quero, vou sim.

– Cuidado, devemos ter tempestade logo mais, está tão quente! – disse mamãe, quando nos despedimos.

Fomos de jipe, conversávamos animados. Logo chegamos, demos uma volta pelo local, papai observava tudo o que o sítio possuía, a qualidade da terra, e eu, a beleza das árvores, o capim verdinho. O calor aumentava, o ar, que parecia parado, começou a se movimentar com o vento, que ficava cada vez mais forte; grossas e escuras nuvens cobriam o céu.

Paramos na sede. Havia pouca coisa ali, parecia tudo abandonado fazia tempo. Havia uma casa, uma estranha e velha casa, pintada de amarelo, era uma construção comprida e, de onde estávamos, só víamos uma porta e poucas janelas, todas fechadas.

– Esta é uma velha casa de sítio – disse Joaquim –, não dá para aproveitá-la, está em ruínas.

– Vou vê-la antes da chuva – disse meu pai –, tenho a chave da porta.

– Vou junto – disse.

– Não, Ricardo, você fica, está de tênis e com tanto mato perto dela pode ter bichos, cobras. Fique aqui e não saia do jipe, volto logo. Que falta de gosto construir uma casa comprida assim!

Papai entrou na casa e relâmpagos fortes começaram a riscar o céu, seguidos do barulho dos trovões.

Um relâmpago clareou-nos mais forte e fez com que estremecêssemos.

– Caiu perto, Ave Maria – disse Pedro.

– Fogo, fogo! – disse Joaquim.

O trovão nos ensurdeceu. O raio caíra na parte da frente da casa e o fogo se alastrava rápido pelo telhado.

– Meu pai! – gritei.

Pulei do jipe e corri, entrei na casa, vi as labaredas no telhado e a fumaça tomando conta do local, impedindo-me de enxergar direito. Aflito, gritando por meu pai, fui passando de um cômodo a outro, observando se papai não estava caído no chão. A casa não estava totalmente vazia, havia móveis antigos, cestas, ferramentas, e para meu desespero ele não respondia.

Nem sei bem por quantos cômodos passei. Quando o vi, estava tentando levantar-se, um pedaço do telhado caíra sobre ele. Estava sujo, empoeirado, ferira a cabeça e seu ferimento sangrava. Ajudei-o a levantar-se.

– Vamos, pai, saiamos rápido daqui, logo o telhado vai desabar. A porta dos fundos? Podemos ir por ela?

– Não, está trancada. Temos que ir pela frente – falou papai com dificuldade, a fumaça começava a sufocar-nos.

Abracei papai, coloquei seu braço esquerdo nos meus ombros, com meu braço direito firmei a sua cintura e fui arrastando-o para a saída. Esforçava-me ao máximo; meus olhos ardiam e eu tossia. A fumaça me impedia de ver direito, tropeçava pelos escombros. Papai era alto e forte, estava com alguns quilos a mais, contudo não chegava a ser obeso. Comecei a sentir-me tonto e vi que papai se esforçava para andar e respirar; aqueles poucos metros me pareciam quilômetros, as chamas já desciam do telhado para as janelas e pelos objetos que estavam no chão. Procurando ter cautela, fomos andando, tentando desviar do fogo e chegar à porta. Quando chegamos ao cômodo da frente, senti-me quase aliviado e tive medo. O fogo ali era maior, reuni minhas forças e gritei:

– Joaquim, Pedro!

Estávamos quase chegando à porta, faltavam poucos passos, uma parte do telhado em chamas desabou, só tive tempo de dobrar o corpo e proteger meu pai. Senti a pancada de uma viga cair em chamas sobre minhas costas e cabeça. Não consegui me mover, mas não perdi os sentidos. No mesmo instante em que senti a pancada, ouvi dizerem:

– Aqui estão, vamos tirar as vigas de cima deles, apaguemos o fogo.

Joaquim e Pedro chegaram em nosso socorro. Ao escutar meu grito entraram para ajudar-nos, pois esperavam que saíssemos pelos fundos da casa. Senti que tiravam os pedaços de telhas e as vigas de cima de mim e com suas roupas apagaram o fogo das minhas. Arrastaram-nos para fora.

Deixaram-nos deitados no chão a poucos metros da casa. Estava virado para a vivenda e podia ver o fogo alto, e muita fumaça subindo, lembrando uma grande chaminé. O fogo sempre me pareceu lindo e, naquele momento, apesar de tudo, achava-o lindo, as chamas fortes, vivas, devorando tudo.

O ar fresco acabara com meu sufoco, embora minha respiração não estivesse normal; ouvi meu pai tossir e sentia que se mexia, recompondo-se ao meu lado.

Começou a chover. Grossos pingos refrescaram meu rosto e comecei a sentir dores, dores atrozes nas costas e cabeça.

Senti que papai se ajoelhara ao meu lado, vi-o, estava sujo e ensangüentado, a água da chuva ajudara-o a sair do torpor em que se achava momentos antes. Notei-o preocupado, olhava-me aflito e pôs-se a gritar.

– Ricardo, Ricardo, responda-me filho, está bem?

Esforcei-me, descontraí meu rosto, lutando contra a dor que sentia e a vontade de gritar, consegui sorrir para ele. "Ele está bem – raciocinei –, é isso o que me importa, fala, levantou-se, ele está bem!"

Tentei mover-me, não consegui, senti que estava muito queimado. A chuva fresca que me molhava era uma bênção; compreendi que tudo acontecera em poucos minutos.

Algo estranho foi então acontecendo comigo, parecia que me desdobrava, parecia que eu estava me transformando em dois, estava tendo uma visão e ao mesmo tempo via e escutava meu pai ao meu lado.

– Meu filho, meu Ricardo, salve-o, meu Deus, por quê? Não devia ter ido me socorrer, meu filho. Sente dor? Fale!

Joaquim e Pedro, chocados, hesitaram no que fazer, mas decidiram:

– Vamos tirar os bancos de trás do jipe, vamos deitar Ricardo com cuidado, eu vou dirigindo e vamos direto ao hospital.

E a visão nítida foi passando como num filme, estava ferido dentro de um poço, sentia dores também, estava agonizando. Fora assassinado, agora eu era o assassino, meu Deus, matara alguém, era eu com outra fisionomia e matara meu pai.

– Ricardo, Ricardo – chamava meu pai, chorando em soluços.

A visão acabara e as dores também. Escutava-o, quis dizer algo a meu pai e esforcei-me, concentrei toda minha vontade, toda força que me restava, meus lábios me obedeceram e consegui balbuciar:

– Perdão, perdão!

Meu pai calara-se e vi-o ainda a olhar-me aflito, agoniado. Pareceu-me então que levara um choque, depois nada mais vi ou senti: adormeci.

Acordei depois de algum tempo, abri os olhos devagarzinho e me senti perdido. Não consegui saber onde estava e como estava. Apalpei-me lentamente, os braços e pernas, mexendo só com as mãos, vi o teto branco, olhei receoso para os lados, movendo só os olhos, e vi que estava deitado num leito.

Lembrei-me do raio, das chamas, de papai, das queimaduras e da dor, ah, a dor! Estranho, não sentia agora dor nenhuma!

– Ricardo – disse uma voz harmoniosa e desconhecida –, como se sente?

Instintivamente movi a cabeça e olhei para o lado de onde viera a voz. Vi duas senhoras simpáticas a sorrir para mim. Não as conhecia, porém senti que as amava.

– Você pode se mover, está bem e se quiser pode sentar-se. Chamo-me Margarida e esta é Manuela.

Observei a outra senhora e achei-a parecidíssima com minha irmã Taís; nem sei por que falei:

– Manuela? Mãe de Taís?

Ela sorriu, eu sentei-me, movi-me com facilidade e também a voz saía sem esforço. Apalpei-me todo e alegrei-me, não tinha ferimento nenhum, fiz um rápido exame da minha situação e falei o que pensava:

– Estou perfeito, não tenho dores, apesar de estar tão queimado. Por que estou bem, será que morri? – indaguei. – Morri?

– Seu corpo queimado e com fraturas, sim; você, não. Está aqui conosco e o amamos muito.

Tive vontade de chorar, senti medo do desconhecido e da situação diferente que enfrentaria, mas não chorei. Fiquei olhando para elas, eram tão simpáticas, pude sentir que me amavam e confiei nelas; fiquei quieto e adormeci novamente.

Acordei, desta vez melhor, senti-me muito bem e mais tranqüilo. Ao meu lado Margarida e Manuela confortavam-me carinhosamente. Observei o local em que estava, pareceu-me familiar e já não senti medo. Logo estava fora do leito a passear pelos lindos jardins no hospital, depois pela colônia, e me encantei com tudo. Entendi que era daquele lugar que sentia tanta saudade. Bem rápido, entendi que estava vivendo sem o corpo físico, e que ali, a colônia, era uma das moradas da casa do Pai.

Dias passaram e me sentia feliz, recebi uma grata visita.

Reconheci-o mais por afinidade, era o Louco, estava mudado, vestido de branco, simples e elegante, estava com aparência sadia e inteligente. Deu-me as boas-vindas e nos abraçamos, felizes.

– Chamo-me João Felipe, estou alegre por estar abraçando você, meu amigo, quero agradecer-lhe por tudo o que fez por mim, foi meu amigo, ajudou-me e ensinou-me orações. Orar, Ricardo, deu-me tanto conforto, consolou-me tanto e aprendi muito. Ouvir o Evangelho iluminou meu espírito, dando-me outra compreensão da vida, fez com que perdoasse a mim mesmo e aos outros. Voltei em paz e grato. Obrigado, amigo.

Conversamos muito, alegrei-me em vê-lo bem.

Dona Margarida era minha cicerone, levou-me a conhecer todos os lugares permitidos da colônia, assim como respondia a todas as indagações que lhe fazia. Aquele dia, perguntei:

– Dona Margarida, será que não poderia ver meu irmão que há tempos desencarnou? Chama-se Raul, dona Manuela é mãe dele, ela deve saber onde está. Como gostaria de tê-lo comigo!

Minha amiga sorriu e mudou de assunto, dando explicações sobre as flores que eu achava lindas.

Fui levado a freqüentar aulas, numa escola de jovens e crianças, muito bonita, bem-arrumada e organizada. Encantei-me, finalmente encontrara a escola que sempre almejei. As crianças estudavam separadas dos jovens, as classes eram agradáveis e os professores simpáticos e bondosos. As lições eram instruções de ensino evangélico e o entendimento da vida sem o corpo físico. Era para iniciantes; soube que ali os ensinos eram vastos, abrangendo conhecimentos sobre todas as matérias.

Passei a morar no alojamento da escola, quartos coletivos com jovens da mesma faixa etária. Ali todos se respeitavam, e só de vez em quando tinha saudade do meu quarto no lar terreno, porém muitos companheiros sentiam muita falta de seus lares e objetos, como também de um quarto só para si. Reuníamo-nos e conversávamos muito, contávamos, então, como desencarnamos, falávamos de nossos pais, de nossa ex-casa, de amigos e parentes.

Contava meu desencarne com uma pontinha de orgulho e sempre escutava dos colegas:

– Como foi herói! Que coragem! Salvou seu pai!

Porém todos nós tínhamos um problema em comum: sentíamos muita saudade, e os entes queridos a chorar e a chamar por nós incomodavam-nos, fazendo-nos sofrer. Às vezes, parecia que choravam dentro de nós e necessitávamos do auxílio dos mestres para não ficarmos perturbados. Muitas vezes, chorávamos desesperados, só acalmando com passes, até mesmo adormecendo-nos, usando o sono como terapia.

Muitas vezes acontecera comigo, escutava me chamarem, ficava inquieto e aflito, pensava: "Com certeza, se pudesse, nestas horas iria para junto deles", tal era o desespero que me dava.

E comentávamos:

– Será que os pais não sabem que a morte do corpo também virá para eles? E que vamos nos encontrar novamente? A separação não é eterna!

Por que me chamam tanto? Às vezes tenho vontade de ir para junto deles. Choram tanto, estão me fazendo mal e nem sabem. Tínhamos, porém, uma certeza: éramos amados. A escola proporcionava música e muita recreação para nos entreter. Esforçava-me para não me abater com as sensações dos familiares encarnados, orando com fé ao sentir que chamavam por mim. Fui melhorando e acostumei-me facilmente no meu novo lar. Mas nem todos se adaptavam facilmente. Ali havia muita disciplina, horário, ordem, mas nem todos se davam bem com os novos costumes. Demorando mais para se acostumarem, sentiam não só falta dos familiares, mas de pertences materiais, de passeios e dos amigos. Os ensinos eram claros, explicados com sabedoria e simplicidade; quando tive aula sobre reencarnação, senti-me fascinado pelo assunto e entendi que sabia muito, que estava só recordando e que as reencarnações eram oportunidades dadas pela bondade do Pai.

Após a aula, fiquei no jardim pensando no assunto, enquanto aguardava a visita de dona Margarida e de dona Manuela. Acabei andando, indo para outra ala da escola que não conhecia; ali, porém, tudo me era familiar, recordava com precisão cada detalhe.

– Ricardo!

– Professor Eugênio!

Abraçamo-nos, porém fiquei em dúvida se o conhecia bem ou não, indaguei timidamente:

– De onde conheço o senhor?

Ele sorriu, já não me importei se o conhecia ou não. Entendi que ele me era querido.

– De outros tempos. O que importa é que se recordou do seu velho mestre, até me chamou pelo nome!

– Foi meu mestre antes que eu reencarnasse como Ricardo, não foi? Por que não é meu mestre agora?

– Oriento, meu caro, meninos que tiveram desencarnes não tão comuns e que poderiam não se sentir muito à vontade entre jovens como você, agora.

– Faz tempo que orienta jovens assim?

– Faz um bom tempo, amo muito o que faço e tive a graça de poder ajudar a encaminhar muitos jovens para a vida, tanto aqui, desencarnado, como quando no corpo, encarnado.

– Foi meu mestre, então! Lembro-me do senhor; que lhe quero bem, e é só. Que nome tive?

– Raul.

Bastou ouvir o nome e recordei: "Fora Raul, sim, Raul, meu irmão!"

– Que legal, fui meu irmão!

– Teve duas existências tendo o mesmo pai. Reencarnou e teve o nome de Raul, depois de Ricardo.

Abracei-o novamente; sim, lembrava agora, o professor Eugênio muito me ajudou e, como Raul, freqüentei uma sala especial; como Raul não choraram tanto por mim.

– Lembro-me agora, porém não com detalhes.

– As lembranças virão com o tempo.

– Professor Eugênio, fui e sou-lhe muito grato, ajudou-me tanto! Queria que soubesse que me encontrei com a pessoa que me assassinou, quando era Raul, e fui amigo dele. Desencarnou antes de mim, veio visitar-me. Alegro-me tanto em vê-lo, professor, gostaria de ser seu aluno novamente, não posso?

– Ricardo, está muito bem acomodado com estes jovens, agora são afins. Seus problemas são os mesmos de todos: saudade dos seus, dos amigos, sentem os familiares sofrerem por vocês. E você, Ricardo, é tido como herói, salvou corajosamente seu pai. Estudar comigo seria desaconselhável, minha turma sente e age diferente de você.

– Sabe o que aconteceu comigo? – indaguei.

– Sim, interesso-me sempre pelos meus alunos. Fiquei contente por você ter tido êxito como Ricardo e um retorno tão feliz entre nós.

– Ao senhor devo isso. Se não posso ser seu aluno, serei sempre seu amigo e orgulho-me de que esteja ajudando outros como ajudou a mim, quando voltei assassinado juntamente com minha mãe, como Raul. Agora me sinto bem junto de jovens com quem convivo como Ricardo. Agradeço novamente; engraçado que pareço dois, Raul e Ricardo.

– Com o tempo, com todas as lembranças, será só você, um espírito eterno, recordando suas existências.

– Todos recordam assim, como eu?

– Não, recordações espontâneas são conquistas, aprendeu no passado e será fácil para você agora.

O professor Eugênio foi chamado e nos despedimos, com a promessa de nos reencontrar. Voltei para a ala em que morava e senti-me feliz. Se não sentisse os meus a sofrerem tanto por mim, seria completamente feliz. No jardim onde nos encontrávamos todos os dias, dona Margarida e dona Manuela esperavam-me e senti meu coração bater mais forte. Emocionado, gritei:

– Vovó Margarida! Mamãe Manuela! Como as amo!

Abraçamo-nos felizes e não conseguimos segurar as lágrimas.

– Você lembrou, filhinho?

– Sim, lembrei-me de que fui Raul, logo, a senhora é Manuela, minha mãe, e a senhora, minha avó.

Conversamos animados por muito tempo. Convidaram-me então para ir morar com elas; aceitei e iria logo que recebesse autorização.

Sentindo-me muito bem, contei aos meus amigos que descobrira que tinha avó e mãe na colônia; aguardei ansioso a permissão para ficar com elas.

AJUDANDO MEU PAI

No outro dia, aguardava a visita de vovó e mamãe, mas só vovó Margarida veio. Após cumprimentar-nos, disse séria:

– Ricardo, seus pais estão sofrendo muito. Manuel está precisando de auxílio e achamos que só você pode ajudá-lo.

– Precisa de ajuda? Por quê?

– Você é muito amado e todos sentem muito sua desencarnação.

– Sei disso, sinto-os chorando por mim, a chamar-me, mas todos da minha turma enfrentam esse problema. Não passará com o tempo?

– Ricardo, vou contar-lhe uma história. Era uma vez três espíritos que, de rancor em rancor, odiaram-se e erraram muito.

Vovó foi narrando e passei a ver, a sentir, e logo entendi que os personagens da história eram papai, mamãe e eu.

Quando narrou a cena do poço, estremeci e interrompi:

– Chega, vovó, por favor, já recordei tudo ao desencarnar. Enquanto agonizava todo queimado, tive uma visão, vi minha desencarnação como Raul, no poço, e vi que na vida anterior matei meu pai. Agora entendo essa visão, como também compreendo o porquê de ter me esforçado tanto para que papai me amasse; pobre Louco, não foi ele quem me assassinou.

– Se recorda, sabe a história dele.

– Sei, sim, ao visitar-me disse que se perdoara e perdoou a todos; ele, vovó, não guarda mágoa do papai, alegro-me por ter podido ajudá-lo.

Silenciamos por minutos. Pensei, então, que o que passou, passou, e tentei alegrar-me.

– Vovó, quando ia visitar João Felipe na prisão, sentia que alguém me ajudava e que foi muita sorte ninguém descobrir. Foi a senhora quem me ajudou, não foi?

– Sim, Ricardo, prometi acompanhar seus passos, enquanto encarnado, e fiz tudo o que pude para ajudá-lo.

– Obrigado, vovó, nossa história é triste, mas com final feliz: reconciliamo-nos e, de inimigos, tornamo-nos amigos.

– Ricardo, a história ainda não terminou. Se Manuela está em paz e você retornou ao nosso convívio, tendo cumprido o que se propôs, o mesmo não acontece com seu pai.

Manuel sofre muito e não se perdoa. No acidente ficou ferido, teve queimaduras graves, porém a isso não deu importância. A dor dele foi tão grande ao ver você morto que o resto não significa nada mais para ele. E muitos, querido Ricardo, amigos e parentes, sentiram sua desencarnação, suas irmãs sofrem, seus sobrinhos sentem sua falta. Pretinha sente sua ausência como se fosse um filho que partiu, sua mãe Margareth ficou desesperada e está sofrendo muito.

– Também lhes quero muito, vovó, tenho orado por eles como oram por mim. Espero que esse sofrimento passe logo e que tudo volte ao normal. E papai agora, como se sente?

– Manuel, desde que você desencarnou nos braços dele, mudou muito; você disse-lhe "perdão" e ele achou que foi por ter desobedecido e entrado na casa. Naquela hora, chorou desesperado por alguns minutos, depois se aquietou.

"Joaquim e Pedro, que também tiveram ferimentos, levaram vocês para a cidade. Manuel foi para o hospital, onde fez os curativos, impassível.

"Com o correr dos dias ficou calado, alimentando-se pouco, não se barbeou mais e desinteressou-se pelo trabalho. Márcio, o genro, é quem está cuidando de tudo. Manuel começou a ir muito ao cemitério e ficar horas diante de seu túmulo, depois vai visitar o mausoléu de Manuela e Raul, roído pelo remorso. Passou a pensar que fora castigo, matara um filho de quem não gostava e Deus tirara-lhe o que amava, e pensou que merecia receber sua punição. Depois de muito pensar, resolveu assumir seu crime e foi à delegacia. Recebido pelo delegado, contou chorando que assassinara sua primeira esposa e o filho.

"O delegado não acreditou nele, fez com que um soldado fosse chamar Márcio e, quando este chegou, falou carinhosamente a seu pai:

"'Senhor Manuel, vá para casa e descanse, esqueça tudo isso.'

"'Não vai me prender? Estou confessando meu crime. Tem de me prender!' – gritou furioso, dando murros na mesa.

"Márcio e dois soldados o levaram para casa.

"O delegado, como todos, não acreditou nele. O crime do poço tinha sido solucionado, o criminoso confessara na época por livre vontade e pagara, preso até a morte. Acharam, então, que Manuel ficara com a saúde abalada com tanto sofrimento, perdera seus dois filhos de maneira trágica. Carlos passou a acalmá-lo com remédios; mas, quando ele desconfiou, não quis mais tomá-los."

– Puxa, vovó, que tristeza! Papai sofre muito, mas arrependeu-se, e isto é bom, não é?

– Sim, arrepender-se é sinal de que se reconhecem os erros que foram praticados. E se os erros podem ser reparados, faz muito bem! Mas Manuel não tem esse consolo. Pensa no Louco, que deixou ficar preso em seu lugar, pensa em Manuela, esposa boa, trabalhadeira, que assassinou friamente, e em Raul, uma criança que odiara e não sabia o porquê; o que fizera não tinha justificativa e merecia castigo; porém, até ser preso foi-lhe negado. João Felipe plantou e colheu, seu pai plantou e colhe, de nada adiantaram as lições de amor que Manuel ouviu. Fora às pregações na igreja, foi-lhe oferecido tantas vezes o Evangelho. Manuela e eu tantas vezes tentamos instruí-lo. Tendo se negado as lições do amor, só lhe resta a dor. Por ela, ele reconheceu seus erros e arrependeu-se.

Vovó fez uma pausa, compreendia muito bem o sofrimento de papai. Lembrei-me do tempo em que vaguei na erraticidade sentindo remorso, a dor profunda de ter errado. Papai era e fora culpado, assassinara a esposa e o filho, agora já não nos odiava mais, não odiava ninguém, matara, errara, fizera uma ação má e era dele a obra; não tinha como, no momento, desfazer-se dela.

– Ricardo, meu neto – continuou vovó –, seu pai acha que não é possível viver mais, pensa em suicidar-se; sim, quer matar-se, seu remorso pesa-lhe muito. Seus erros parecem-lhe irremediáveis, julga-se o pior dos seres humanos, espera uma oportunidade para pôr fim à sua vida física.

– Vovó, ele não pode fazer isso, vimos em filmes, aqui na escola, como os suicidas sofrem, nada se compara com a dor daqueles que destroem seu corpo físico. Mata-se o corpo, porém não se mata a alma. Mesmo depois, no futuro, após muito tempo em sofrimento, com a bênção de uma nova reencarnação, poderão ter o corpo carnal deformado, pois destruíram, pela sua vontade, um que era perfeito.

– Por tudo isso, Ricardo, estou a lhe contar o que ocorre com ele. A preocupação é de todos, nossa e da família. Manuel está sendo vigiado, preso no quarto, longe de qualquer objeto que possa utilizar para ferir-se.

Comecei a chorar. Vovó abraçou-me, consolando-me.

– Não chore, Ricardo, vamos ajudá-lo.

– Como?

– Foi permitido irmos para junto dele e lá ficarmos até que consigamos tirar essa idéia de sua mente. Manuel ama-o, chama você, quer você, achamos que a você, pedindo-lhe, atenderá.

– E se não conseguirmos, vovó?

– Não podemos predizer se iremos ou não conseguir. Sei de muitos amigos que tentaram ajudar encarnados a não se suicidar e não o conseguiram, como também sei do sucesso de muitos outros. Todos nós temos o livre-arbítrio e somos respeitados nas nossas decisões. Se Manuel quiser realmente se suicidar, não conseguiremos impedir, mas ele poderá ouvi-lo. Você é determinado, Ricardo, conseguiu fazer com que Manuel o amasse e conseguirá impedi-lo de fazer mais este erro. Sejamos otimistas e vamos ao seu encontro, esperançosos. Vamos, Ricardo?

– Agora?

– Sim, agora, nossa ajuda não pode esperar.

– Mamãe Manuela não irá?

– Manuel agita-se muito ainda com a presença dela, por enquanto só vamos nós dois. Não se preocupe, aja com amor e simplicidade, estarei com você o tempo todo.

Saímos da colônia, vovó levou-me em seus braços. É maravilhoso volitar, locomover-se com rapidez; vi emocionado a colônia de longe, depois a Terra e, por fim, estranhei. Minha casa estava coberta de uma névoa cinzenta. E vovó explicou:

– São fluidos de tristeza, de desesperança.

Tudo estava no mesmo lugar, tudo igual e ao mesmo tempo diferente. Tudo me pareceu triste. Entramos na sala, mamãe Margareth estava numa poltrona, quieta, pensativa. Estava diferente, não pintava mais os cabelos, estava pálida, sem a costumeira maquiagem, magra, envelhecida. Ajoelhei-me aos seus pés, beijei suas mãos, seus olhos umedeceram e passei a ouvir o que pensava.

"Ricardo, meu Ricardinho, que saudade! Onde está você? Será que está junto de Raul, seu irmão? Será que Raul o ama? Seu pai está doente, meu filho, ninguém acredita em Manuel. Eu, porém, não sei, às vezes acho que fala a verdade. Tive muita culpa em tudo isso. Se Manuel matou, foi por minha causa, queria casar e ele era rico, correspondia ao meu ideal. Não liguei se ia destruir um lar, na época era amante dele e forcei-o para que se separasse da esposa. Manuel ter matado a esposa para ficar comigo até que entendo, mas o filho! Ele sempre foi tão bom pai, tão amoroso, parece-me impossível ter assassinado o filho. Embora nunca me falasse de Raul, pensei que era para não sofrer com as recordações. Tudo é tão triste, sofremos tanto, nosso lar desmoronou. Acho que construímos nossa felicidade sobre a areia, na ilusão de que não podia ser destruída, e foi."

– Não fique assim, mamãe, por favor! – disse. Mas ela não percebeu minha presença, não me sentiu. Vendo-a assim, senti doer em mim, senti sua amargura, e vovó, sabiamente, ajudou-me.

– Ânimo, Ricardo, não se envolva na tristeza de sua mãe. Margareth é forte, sofre, mas suportará, melhorará com o tempo, ela aprende muito na dor. Sabendo o que pensa, vimos que ela reconhece a ilusão falsa em que sempre viveu e me parece pronta a procurar e encontrar a paz no caminho do bem. Jesus ensinou-nos com muita sabedoria que o homem prudente constrói sua felicidade eterna nos rochedos da verdade espiritual e não na matéria passageira.

Neste instante Valquíria começou a ter uma crise, começou a gritar e a se debater. Corri instintivamente até ela, como se estivesse encarnado, abracei-a apertado e comecei a falar carinhosamente:

– Calma, Valquíria, calma, minha irmãzinha, Ricardo conta-lhe uma história.

– Ri-Ri – gritou ela.

Diante do olhar assustado de Pretinha, que viera correndo acudir Valquíria, percebi que minha irmãzinha conseguira perceber minha presença. Sentara-se e balançava o corpo, parou de gritar, apertava os braços como se eles pudessem abraçar-me fisicamente. Pretinha não me viu, mas viu Valquíria como se abraçasse alguém acalmando-se logo, como acontecia quando eu estava encarnado, e a repetir "Ri-Ri", como me chamava.

Pretinha também estava abatida e triste. Passado o susto, vendo Valquíria acalmar-se, afastou-se, e fiquei com minha irmãzinha, até que, como sempre fazia, desinteressou-se de mim e pegou sua boneca.

Vovó sorriu.

– Venha, Ricardo, vamos ver seu pai.

Acompanhei-a até o quarto de papai. O local estava na penumbra, a porta estava trancada e nas janelas pedaços de madeira estavam pregados para que não se abrissem. O quarto estava sujo, na cama só o colchão, e papai estava sentado nele.

Fiquei por minutos olhando-o, parecia outra pessoa, magro, braços e pescoço estavam marcados pelas queimaduras e, na fronte, uma grande cicatriz do ferimento que recebera. Seus cabelos estavam crescidos, estava barbudo e com os olhos vermelhos de tanto chorar. Vestia um pijama curto, rasgado e sujo.

Chorei ao vê-lo assim e, pela primeira vez, senti-me culpado por desencarnar; vovó elucidou-me com energia:

– Ricardo, não se sinta assim, não provocou sua morte física, não se sinta culpado, se Manuel sofre é por sua própria colheita; veio para ajudá-lo e não para sofrer junto.

Vovó tinha razão. Envergonhado, enxuguei rápido meu rosto, cheguei perto dele. Começou a falar baixinho:

– Ricardo, por que morreu para salvar-me? Não merecia seu sacrifício, deveria eu ter morrido e você ficado. Se você não pode voltar, eu posso ir. Acharei algo que agüente meu peso e me enforcarei, irei encontrar com você.

– Não! – gritei. Não me ouviu com os ouvidos físicos, porém meu grito emocionado fez com que se calasse e sentiu algo estranho. Continuei a falar-lhe com firmeza e emocionado: – Não, não pense em se matar, não deve livrar-se do corpo físico, só aumentaria seu sofrimento. Matando-se não poderá ficar comigo, não me verá. Morri, tive a morte do meu corpo para salvá-lo, para que ficasse e se arrependesse, para que viva, não para que se mate. Pelo amor de Deus, não se mate!

Papai se pôs a chorar baixinho; eu, já mais calmo, abracei-o, amávamo-nos, choramos por algum tempo juntos. Seu choro aliviou-o por algum tempo e minhas lágrimas eram em prece, pedindo ao Pai Maior consolo e orientação. Papai adormeceu, vovó com passes tirou seu corpo perispiritual do corpo físico. Estava tonto, vovó continuou a dar-lhe energias, então conseguiu ver-me.

– Ricardo, Ricardo! – gritou desesperado.

– Acalme-se, papai! Acalme-se, pelo amor de Deus!

Abraçou-me, beijou-me, acariciava meu rosto sem tréguas. Segurei fortemente suas mãos e disse-lhe, enérgico, como nunca o fizera:

– Meu pai, estou vivo em espírito, morre somente o corpo, somos eternos. Estou bem, como vê, perfeito, sadio, nem sequer tenho cicatrizes. Mas estou aborrecido e preocupado, porque está pensando em se matar. Nada consertará com esse seu gesto, nem melhorará sua situação. Piorará, sim, e muito, e não poderá ficar comigo.

– Ricardo, meu filho, sofro tanto, por que foi salvar-me?

– Porque o amo!

– Não mereço, sou um assassino!

– E quer continuar sendo, matando mais um corpo, o seu? Papai, papaizinho, se me ama, se me quer, não pense mais em suicídio, por Deus, peço-lhe. Nunca me negou nada, atenda-me, por favor, viva, ore, perdoe-se, faça isso por mim. Se morri para salvar o senhor, quero-o vivo na carne até que Deus o chame. Prometa-me!

– Se ficar comigo... Fique comigo, filho, fique...

Vovó colocou-o no corpo adormecido e ele acordou, falando:

– Ricardo, por favor fique comigo, por caridade!

Lembrou-se papai parcialmente do nosso encontro como um sonho e, pela primeira vez, sentiu um certo alívio e falou alto:

– Meu Deus, sonhei com meu Ricardo, pareceu-me tão real! Foi como se ele estivesse aqui, disse que está preocupado comigo, que me ama apesar de todos os meus erros e que quer que eu viva; morreu para me deixar vivo!

Pensei que fosse chorar, mas, para minha alegria, gritou:

– Margareth, Pretinha, venham, podem limpar o quarto, quero tomar banho!

A porta se abriu. Mamãe, Pretinha e uma outra empregada entraram e mamãe perguntou, timidamente:

– Manuel, quer cortar o cabelo e fazer a barba? Quer ir um pouco ao quintal?

– Sim – respondeu.

Mamãe deu-lhe o braço. Saíram para o quintal, andando devagar por entre as árvores.

Logo chegou Márcio, que a outra empregada fora chamar, e ele ficou observando papai e mamãe de longe, temendo que o sogro atentasse de algum modo contra sua vida física. Papai estava tranqüilo, quieto, não respondia as indagações de mamãe. Depois de ter caminhado um pouco se sentou numa cadeira. Fiquei com eles, animando-os com carinho; chegou o barbeiro, cortou-lhe o cabelo, barbeou-o. Foi tomar banho. Márcio acompanhou-o, papai pareceu ignorar sua presença, lavou-se, colocou as roupas que lhe ofereceram, foi para a cozinha e alimentou-se.

Depois, foi para seu quarto, agora limpo, e disse:

– Podem fechar a porta, estou bem e vou dormir.

– Que legal, vovó! – exclamei. – Acho que estamos conseguindo ajudá-lo!

– De início está ótimo. Como pensávamos, Manuel atendeu-o. Devemos fortalecê-lo mais e nos certificar de que não pensa mais em suicídio.

– Chama por mim, quer a mim, queria que prometesse que ficaria com ele, estranho, não é, vovó?

– Nem tanto! Estranho é pensar que é o desencarnado que está obsediando, porém muitas vezes é o encarnado quem segura o desencarnado perto de si.

– Entendi bem, se não tivesse sido socorrido ao desencarnar, estaria em perturbação vivendo entre eles, talvez nem quisesse ir embora, e, se quisesse ir, eles me segurariam.

Papai adormeceu, seu corpo refazia as energias. Vovó e eu saímos, sentamo-nos na área em frente da casa.

– Ricardo, está agora a par de tudo o que acontece no seu antigo lar.

– Quero ajudá-los, vovó, porém não quero ficar muito tempo aqui. Tudo me parece estranho; disse bem, aqui é meu antigo lar.

– Ricardo, você estava consciente de que deveria partir, mudou-se sem problemas ao ter o corpo morto, adaptou-se facilmente no plano espiritual. Orgulho-me de sua coragem!

– Nunca pensei que iriam sofrer tanto com a minha desencarnação. Aborreço-me, vendo-lhes a falta de fé, porque tudo isso, consolar-se, conformar-se, não é tão difícil.

– O tempo ajudará, ser religioso em tempo de sofrimento é confortador. Infelizmente não são religiosos a ponto de confiar no Pai Amoroso. Vamos ficar aqui por uns dias e ajudar a todos, em especial a seu pai.

Vovó e eu tudo fizemos nos dias em que lá permanecemos para instruí-los, para que se conformassem, lembrando da prece sincera para o alívio. O desespero foi sendo substituído pela calma e todos me pareceram melhores.

Papai não falou nem pensou mais em se matar, passou a se alimentar regularmente.

Achando que havíamos obtido êxito, retornamos à colônia e senti-me feliz entre os colegas do Educandário.

NOVAS RESPONSABILIDADES

Três dias depois comecei a sentir uma forte inquietação; incomodava-me muito, sentia-os a me chamar. Parecia tê-los dentro de mim e o desespero de papai amargurava-me muito. Fiquei distraído, não conseguia prestar atenção às aulas e, quando em desespero, papai chamava-me. Não conseguia me concentrar nem para orar e tinha de receber ajuda dos mestres do Educandário. Estava diferente, não conseguia conversar alegremente com os amigos, estava mesmo calado e triste. Tinha esperanças de que essa fase passasse logo, que fosse por pouco tempo.

Fazia vinte e oito dias que regressara do lar terreno e vovó veio visitar-me, acompanhada de um senhor.

– Ricardo, este é Lourenço, um dos orientadores do Educandário.

Cumprimentamo-nos e vovó foi direto ao assunto que a preocupava.

– Ricardo, sabemos que está a sentir muito os sofrimentos de seus familiares. Que está triste e tem estudado pouco. Entretanto, graças a Deus, Manuel não pensa mais em suicídio, mas devemos ajudá-lo ainda, Ricardo.

– Desculpe-me, vovó, se a preocupo. Estou me esforçando, mas está difícil. Antes, sem saber o que ocorria, era mais fácil isolar-me, não receber estas vibrações; agora tenho deixado me abater pelas preocupações.

– Não precisa se desculpar. O que ocorre com você é comum aqui, por isso mesmo Lourenço e eu temos uma proposta a fazer.

– Ricardo – disse Lourenço –, estou a par de todos os acontecimentos de sua vida. Sei que seu ideal é estudar aqui, conhecer o mundo espiritual e ser útil com conhecimento. Mas a Terra é uma escola e, trabalhando entre encarnados, aprende-se muito. Seus familiares necessitam do seu auxílio e você pode fazê-lo. Certamente não poderá ficar somente no seu antigo lar, mas ajudará aos seus, como também poderá trabalhar num centro espírita.

– Centro espírita?

– Sim, Ricardo, na sua cidade há bons locais onde se pratica a caridade e equipes de obreiros do bem trabalham em ajuda a encarnados e desencarnados. Escolhi um destes locais, um centro espírita, onde o mentor espiritual é um grande amigo e o receberá, se quiser, como a um filho querido. Será auxiliar dele, terá de dedicar algumas horas por dia ao trabalho de equipe e as outras restantes estará no seu lar consolando aos seus.

Suspirei tristemente; Lourenço enumerara bem meus objetivos, meus sonhos. Sentia, entretanto, que, se os meus não se consolassem, não iria realizá-los, não conseguiria. Vovó animou-me.

– A escolha é sua, Ricardo, só fará o que quiser. Se quiser trabalhar entre encarnados, não precisará determinar tempo, ficará o tanto que julgar necessário. Poderá experimentar, dedicará horas ao trabalho e o restante passará no seu ex-lar. Poderá ajudar a todos e, como comprovante, eles melhorarão com sua presença. Pretinha se animará, Valquíria poderá ter você para acalmá-la, sua mãe vendo todos melhorarem ficará calma também, e seu pai, com você ao seu lado, melhorará. Depois, Ricardo, será uma experiência maravilhosa trabalhar num centro espírita; aprenderá muito, tenho certeza de que gostará.

– Ricardo – completou Lourenço –, não é a todos que podemos fazer esse convite, você sabe que são inúmeros os jovens aqui com o mesmo problema seu, que sofrem o desespero dos seus familiares. Analisamos e achamos que você poderá realizar esta ajuda, você é responsável, fortaleceu-se muito nas suas últimas reencarnações, retornou ao plano espiritual sem erros, sem revolta e com muito amor. É obediente, quer melhorar e deseja ajudar o próximo. Também levamos em conta os fatos que envolveram e envolvem a vida de vocês. Não precisa resolver agora, tem o tempo que quiser para pensar.

– Vovó, acha que todos lá em casa ficarão sofrendo por muito tempo?

– Não sei, Ricardo, antes de contar a você o que se passava com eles, Manuela e eu tudo fizemos para ajudá-los. Nestes dias, tenho estado muito lá e não consigo ajudá-los, nada parece confortá-los. O que sentem, para eles não existe nada pior; sinto por você, meu neto.

Silenciamos. À minha mente veio a imagem de Valquíria, minha irmã deficiente que tinha crises nas quais se machucava muito. Com a minha presença se acalmaria. Mamãe Margareth, que se amargurava, definhando-se. Conseguindo fortalecê-la, ajudaria o esposo e a filha. Pretinha, minha querida amiga, mãe de coração que me amara muito como Raul e Ricardo, merecia que eu a confortasse e animasse. E meu pai, meu ex-adversário, que sofria o remorso de ter sido um assassino e se desesperava com a perda do filho que aprendera a amar. Se consegui que me amasse, devia agora ajudá-lo na sua colheita; não queria que, por não suportar o sofrimento, ele o agravasse, provocando a própria morte física. Se me era oferecida a oportunidade de ajudá-lo, aceitaria com gratidão.

– Lourenço, vovó, agradeço o carinho de vocês e a preocupação para com os meus. Não será sacrifício ajudar os que amo e, no centro espírita, os que aprenderei a amar. Adiarei a realização dos meus sonhos, terei tempo para realizá-los. Não necessito de tempo para pensar, quero ajudá-los e estou pronto para ir.

– Sendo assim – disse vovó –, iremos à tardinha. Vá agora e se despeça dos seus amigos, eles poderão visitá-lo e você poderá vir aqui sempre que quiser.

Assim fiz. Despedi-me de meus mestres e colegas, procurei o professor Eugênio e dele ouvi carinhosos incentivos.

– Gostará muito, com certeza, desse trabalho-estudo, aprenderá muito com os encarnados.

Acompanhado de Lourenço e vovó, à tardinha estávamos no meu antigo lar terreno. Aproximei-me de mamãe, que, triste e abatida, chorava num canto da sala; ela tentava orar:

"Ricardo, meu filho, por Deus, venha ajudar-nos, já nem sei mais o que faço, sentimos tanto sua falta. Por que tudo isso teve de acontecer, por que você morreu? Por que não morreu Valquíria? Entenderíamos, ela só sofre, retardada como é. Você não, meu filho, era lindo, forte, inteligente, todos nos orgulhávamos de você. Venha nos ajudar, filho, Carlos quer internar seu pai no hospício, sabe, ele está bem atrapalhado, Ave Maria..."

Conscientizado de que viera ajudar e não atrapalhar, fortaleci-me também na prece, abracei-a docemente e disse:

– Acalme-se, mamãe, tranqüilize-se, tenha fé, ore com sinceridade. Deus é justo, sabe o que faz e por que faz.

Lourenço e vovó aplicaram-lhe um passe, mamãe acalmou-se e pôde orar mais tranqüila.

Após, fomos ver todos: Taís, Telma, as crianças; elas estavam bem e tudo faziam para ajudar meus pais. Vi Valquíria toda machucada, deveria ter tido crises constantes, e ela novamente percebeu a minha presença, estendeu os braços em minha direção e gritou: – Ri-Ri!

Abracei-a e ela sentiu meu abraço e carinho. Assim ficamos por algum tempo.

– Não vou deixá-la mais, Valquíria, estarei sempre ao seu lado.

Valquíria sorria, feliz, e repetia: – Ri-Ri!

Deixando-a alegre e tranqüila, fomos até o papai. O quarto estava como da primeira vez em que o visitei, sujo, cheirando mal. Papai estava mais magro, barbudo e descabelado, estava de pé num dos cantos do quarto e batia a cabeça na parede; não me contive e gritei: – Papai!

Ele voltou-se instantaneamente e vi que o rosto e a cabeça estavam machucados.

– Ricardo, Ricardo, venha para mim, fique comigo, filho, fique!

Abracei-o, transmitindo todo o meu amor, e ele de alguma forma, sentiu minha presença. Sentou-se na cama, falando sem parar sobre fatos acontecidos com Raul, com Ricardo, com ele, até que adormeceu com os passes de Lourenço e vovó.

– Manuel dormirá por um bom tempo – disse vovó.

– Não podemos tirá-lo do corpo como da outra vez, vovó?

– Não, Ricardo, Manuel está muito fraco, acalmou-se só com sua presença e o ajudaremos dessa forma. Deixemos que ele agora descanse e vamos conhecer o local onde você trabalhará.

– Vovó, não sei ajudar.

– Tendo vontade, aprenderá logo. Depois, Ricardo, não seria possível você ficar só em seu ex-lar, há muitos que sofrem e necessitam de auxílio. Terá como instrutores amigos nossos. Isaías, um bondoso orientador do plano espiritual, e Antônio, orientador encarnado do centro espírita. Ficarei com você por uns dias até se ambientar, fará outros amigos.

O centro espírita era perto do meu lar terreno. O local, fisicamente falando, era somente um cômodo, ao lado da casa do orientador Antônio. Era simples, limpo, tinha somente o indispensável, uma mesa com oito cadeiras à sua volta. Em cima dela, uma toalha branca, uma jarra de flores e um volume de *O Evangelho Segundo o Espiritismo*. Completando a decoração, mais cadeiras e bancos, que supus serem para a assistência. Entrei constrangido e cinco desencarnados muito simpáticos vieram cumprimentar-nos. Após a apresentação, vovó explicou-me:

– Estão em serviço, guardam o ambiente.

Depois chegou Isaías e abraçou-me alegremente. Disse, dirigindo-se a Lourenço:

– Meu afilhado, que prazer revê-lo! Então, este é Ricardo, que trabalhará conosco?

Conversaram animados e felizes por um bom tempo, até que vovó interferiu:

– Isaías, permita-me que fique com meu neto por uns dias. Tenho licença do meu trabalho e gostaria de estar com Ricardo, pois se sente encabulado por julgar que não sabe fazer nada.

Isaías sorriu e olhou-me docemente.

– Claro, Margarida, fique conosco o tempo que quiser, para nós será somente prazeroso. Quanto a aprender, Ricardo, quando você foi à escola pela primeira vez, também não sabia nada, entretanto aprendeu. Todos nós aqui teremos prazer em ensiná-lo. Apresente-se ao trabalho amanhã às oito horas. Não se acanhe de nos contar suas preocupações; espero que tenha uma proveitosa estada conosco – falou, abraçando-me.

Despedimo-nos, Lourenço acompanhou-nos até a rua e despediu-se também.

– Até logo, Ricardo, verá que este centro espírita é uma escola para encarnados e desencarnados, onde se aprende trabalhando, e será muito bom você poder ajudar aos seus.

Caminhamos, vovó e eu, rumo ao meu ex-lar. Era noite, poucas pessoas encarnadas transitavam pela rua. Admirei-me, entretanto, dos muitos desencarnados que por ali passavam, uns aflitos, desesperados e doentes, outros tranqüilos, como se passeassem. Vovó esclareceu-me:

– Ricardo, existimos sempre, ou como encarnados ou como desencarnados, e semelhantes se afinam, se atraem. Temos livre-arbítrio para escolher a forma de viver, ou no bem ou no mal, e temos também a conseqüência da vida que escolhemos. No plano físico da Terra, onde encarnados vivem, há muitos desencarnados vivendo também. Há os que vagam em sofrimento, os que por ignorância tudo fazem para prejudicar seus semelhantes e há os que trabalham ajudando aos que sofrem e recuperando os que se julgam maus.

– Acho, vovó, que irei aprender muito!

– Vai, sim, fará um grande aprendizado que não estava incluído nos seus sonhos; entretanto, um dia teria de fazê-lo para complementar o seu conhecimento. Os acontecimentos o farão concluí-lo antes, porém confio em você, tenho a certeza de que, das duas tarefas que lhe competem, realizará ambas a contento.

Chegamos em casa, vovó e eu fomos a cada um dos meus familiares dando-lhes conforto e alegria.

Às oito horas em ponto, apresentamo-nos no centro espírita; Isaías, o mentor, cumprimentou-nos, sorridente.

– Ricardo, conosco deverá trabalhar todos os dias, em média quarenta e oito horas por semana. Terá seu trabalho pela manhã, mudando de horário a cada quinzena, e fará um trabalho de rodízio, para aprender tudo o que fazemos. Normalmente, tudo por aqui é tranqüilo, tendo mais labores nos dias de trabalho de desobsessão, que são realizados nas segundas e sextas-feiras, e nas terças-feiras, quando fazemos o estudo evangélico. Começará ficando de guarda com outros companheiros nossos.

Isaías chamou-os e apresentou-nos. Gostei deles e logo em seguida ficamos a guardar o centro espírita. Vovó ficou comigo, isso me dava muita segurança. Pensei que seria maçante ficar ali oito horas e vigiar sem saber o porquê, mas logo vi que não era bem como pensara.

Um desencarnado bêbado veio incomodar-nos:

– Ei, vocês aí! Dêem-me uma pinga! Não querem dar? Onde está a caridade de vocês? Não dão a quem pede?

Espantei-me, já vira encarnado bêbado, mas desencarnado, não. Mário, um dos companheiros, disse, enérgico:

– Juvenal, sabe muito bem que aqui não temos bebida alcoólica. Temos e lhe oferecemos um tratamento para que deixe o vício e mude de vida.

– Não quero mudar de vida e não vim aqui pedir conselhos.

– Então siga em frente, que Deus o acompanhe!

Juvenal tentou entrar e com atrevimento de bêbado queria que bebêssemos com ele. Mário teve de usar autoridade, e Juvenal resolveu ir embora. Achando tudo muito estranho, indaguei com o olhar sem ter coragem de perguntar verbalmente. Mário, demonstrando ter compreendido minha curiosidade, esclareceu-me:

– Ricardo, indague-nos sempre o que quiser, será um prazer elucidar. Ninguém está livre de seus vícios só porque o corpo morreu. Juvenal sabe que desencarnou, sabe que aqui trabalhamos com a caridade. Sóbrio, evita passar aqui perto, teme-nos; quando embriagado, costuma passar por aqui e fazer estas cenas que presenciou. Não quer mudar a forma de viver, não quer ser livre de seu vício. Vampiriza encarnados e tenta induzi-los a embriagar-se. Fica perto de outros viciados encarnados e, quando estes bebem, suga-lhes os fluidos e embriaga-se também.

– Só se embriaga? – indaguei, admirado.

– Embriagar-se já seria muito; porém, como quase todos os viciados, prejudica a si mesmo e a outros. Quer sempre beber e induzir invigilantes encarnados a fazê-lo; como também faz pequenos favores a espíritos maldosos, em troca da bebida. Cada vez mais vai ficando escravo de seu vício.

– Não podemos prendê-lo, ajudá-lo?

– Ajudá-lo como, se ele não quer receber nossa ajuda?! Respeitamos seu livre-arbítrio, esperamos que se canse desta forma de viver e queira mudar.

– E se um encarnado que ele vampiriza aqui vier em busca de socorro, que farão?

– Se o encarnado quiser, realmente, não ter companhias como Juvenal, é só não se afinar com ele. E, se aqui vier buscar socorro, um de nós o acompanhará e não deixará que Juvenal ou outros iguais o perturbem.

Logo em seguida, vi aproximar-se, como se fosse uma nuvem de poeira, um grupo arruaceiro. Mário foi até um pequeno aparelho, que estava conectado do plano espiritual ao centro espírita, e vi admirado uma luz azulada cercar todo o local.

– É o nosso campo magnético, ele impedirá de recebermos ataque de irmãos inferiores.

O grupo era demasiado estranho para mim. Estavam vestidos de maneira exótica, predominando a cor preta. Eram doze, todos feios, sujos, tipos que, quando encarnados, diria serem mal-encarados. Todos eles estavam armados, uns com pedaços de pau, outros com correntes, chicotes, e riam, gargalhando. Os primeiros que chegaram bateram com a cabeça no círculo magnético e foram jogados alguns metros para trás. Pararam e ficaram observando-nos. Meus companheiros estavam tranqüilos, e também procurei ficar. O que me pareceu chefe deles dirigiu-se a nós:

– Então, tem notícias de Catarina? Ela voltará para nós?

– Catarina está bem e não deve voltar ao convívio de vocês. Se alguns de vocês quiserem mudar a forma de viver, venham até nós, que os ajudaremos.

Riram.

– Ora, ora, aqui temos sempre o que queremos, para que mudar nossa forma de vida? Mudar para ficar como vocês, trabalhando de guardas?

– Somos felizes, temos paz, usufruímos tranqüilidade, somos amigos e irmãos. E vocês o que têm?

Fingiam que eram felizes, rindo, gargalhando, fazendo barulho, tudo fazendo para demonstrar externamente a alegria que não sentiam. Mesmo na minha pouca experiência senti que eles viviam um conflito e longe estavam de conhecer a paz.

Novamente, Mário elucidou-me:

– Não fechamos a nossa porta aos irmãos inferiores, estes são os muitos doentes que necessitam de socorro e aos poucos temo-los orientado. É uma pequena falange, conhecida nossa, e se os deixássemos entrar teríamos de prendê-los, porque só querem bagunçar. No momento certo entrarão e receberão por meio de uma incorporação a doutrinação de que precisam e eles sabem que, se quiserem ajuda, a terão. Catarina, uma ex-componente do grupo, foi por nós orientada e está em um posto de socorro recebendo ajuda e orientação.

O campo magnético foi novamente desligado.

– Socorro! Socorro! Por favor!

Era o pedido de um senhor de pele escura, desencarnado, que se esforçava para caminhar até o portão.

Mário fez um sinal para que eu o ajudasse, corri até ele e o carregamos para dentro do centro espírita. Vi maravilhado que, como no plano espiritual, havia no local um pequeno laboratório, um pronto-socorro. O senhor foi colocado num leito. Mário, pacientemente, deu-lhe água, ele falava sem parar. Percebi que ele não sabia que desencarnara, julgava-se no corpo físico. Mário adormeceu-o e o acomodamos no leito; notei que havia mais duas pessoas adormecidas.

– Ricardo, são irmãos que não sabem que desencarnaram e não adiantaria nada lhes contar, porque iam achar que estamos loucos ou algo parecido. Aqui, ficarão adormecidos até o próximo trabalho, em que, por meio de uma incorporação, poderão notar a diferença que existe entre eles e o encarnado; receberão a orientação e o socorro para seus males. E, ao acordarem, nem perceberão que estiveram dormindo.

Voltamos ao nosso posto. Três mocinhas encarnadas, ao passar pelo centro espírita, exclamaram com medo:

– Cruzes! Credo!

E uma delas fez o sinal-da-cruz. Uma outra exclamou:

– Se tiver um espírito comigo, que fique aí!

Para minha surpresa, um desencarnado que a acompanhava exclamou:

– Eu não fico! Se quiser se livrar de mim, belezoca, venha você trazer-me.

E lhe deu um tremendo soco na cabeça; ela sentiu, levou a mão ao local e disse às outras:

– Ai, que pontada na cabeça!

Novamente esperei as elucidações de Mário, que, sorrindo, me disse:

– A mocinha só se livrará do acompanhante desagradável da forma que ele mesmo disse, se ela vier e pedir ajuda. E não pense você que todas as pontadas que encarnados sentem sejam provocadas por desencarnados. Vimos uma das possibilidades.

O tempo passou e nem percebi. Não era nem um pouco maçante como pensara no início; o trabalho era movimentado e apresentava casos interessantes. Cheguei ao final de meu trabalho diário e com vovó fui para casa.

– Ricardo – disse-me vovó –, esteve muito bem, logo estará participando mais e saberá, em qualquer situação, o que fazer.

Meu lar terreno estava envolvido pela névoa de tristeza e preocupação. Procuramos fortalecê-los e convidá-los à prece. A única que percebia minha presença era Valquíria. Papai acalmava-se quando eu estava ao seu lado; alimentava-se e após alguns dias tomou banho, barbeou-se, deixou que limpassem o quarto e não bateu mais com a cabeça na parede. Carlos ainda queria levá-lo para se tratar num sanatório, mas mamãe, vendo-o melhor, foi contra.

Ao mudar de horário de trabalho, continuando como vigia, conheci Antônio, o orientador encarnado do centro espírita. Jovem, bem apresentável, veio com a esposa fazer a limpeza física do local. Gostei dele, transmitia simpatia e bondade, era tranqüilo e estava sempre a sorrir.

Chegou a hora de vovó voltar ao seu trabalho, despediu-se de mim. Por instantes me senti triste e temi ficar sem saber o que fazer. Ela incentivou-me:

– Ricardo, prometo-lhe que virei vê-lo sempre. Passarei todas as minhas horas livres com você e não se acanhe em pedir ajuda a Isaías e a Mário, que já são tão seus amigos.

Vovó Margarida sempre estava a ajudar-me com tanto amor. Abraçamo-nos e dei-lhe um beijo com toda a minha gratidão.

Com amor e carinho concentrei-me nas minhas novas responsabilidades, fortalecendo-me, orando com fervor, estudando os Evangelhos e confiando na amizade dos nossos companheiros.

APRENDENDO A SERVIR

O rodízio do horário de trabalho fora muito bom para mim, primeiro na ajuda aos meus. Perto de trocar de horário, papai começava a sentir minha ausência, ficando emburrado e triste. Também como aprendizado no centro espírita, cada período tinha um tipo diferente de socorro. No período noturno tinha mais trabalho e, nos dias de sessões, o trabalho de vigia mudava por completo. O campo magnético era completamente desligado e todos os desencarnados entravam livremente. Vários grupos de socorristas voltavam das excursões

com muitos necessitados. O movimento era imenso e tinha sempre muito o que fazer. Mário, para minha alegria, mudara comigo de rodízio, só conseguia elucidar-me de madrugada.

No primeiro dia de sessão em que fiquei de guarda, minutos antes do início, espantei-me com os muitos desencarnados que vinham acompanhando os encarnados.

Eles se apresentavam de diversas formas, uns adoentados e tristes, outros autoritários e orgulhosos e muitos brincalhões; estranhei quando vi um montado nas costas de um senhor encarnado e este queixava-se de dores lombares.

A maioria dos desencarnados não sabia de seu estado. Acompanhavam os encarnados certos de que ainda possuíam o corpo carnal. Vinham conversando, reclamando de seus males, participando da conversa de seus acompanhantes.

Muitos espíritos que se julgavam maus, perturbados e perturbadores, eram recebidos educadamente e, se na entrada demonstravam que ali estavam para enfrentar-nos, eram presos por forças magnéticas e conduzidos ao interior do prédio para assistir à sessão.

Querendo aprender, prestava muita atenção em tudo, assim mesmo acabei por fazer ações precipitadas, até mesmo engraçadas. Como em um dia em que Mário me pediu:

– Corra, Ricardo, pegue-o!

Dois desencarnados seguiam ao lado de uma senhora e um deles, ao ver que estava sendo conduzido ao centro espírita, correu em sentido contrário. Obedecendo à ordem que me foi dada, corri atrás, alcançando-o. Rápido segurei-o, ele se debatia querendo escapulir e me assustei.

– Que faço, Mário? Peguei-o, e agora?

Mário calmamente veio até nós, olhou-o simplesmente, ele aquietou-se e foi conduzido ao interior do centro espírita.

– Urra! – suspirei. – Que aperto passei!

– Você poderia tê-lo apanhado, usando sua força magnética, mental; aqui, não usamos disputar, lutar corporalmente. Veja, é assim que se faz.

Mário elucidou-me a usar a vontade, a usar nossa força interna. Mas fiquei curioso para saber o que ocorria lá dentro, nas sessões mediúnicas, e Mário disse-me:

– Não se apresse, Ricardo, para conhecer tudo. Chegará o tempo em que você trabalhará nas sessões.

No final das sessões, encantava-me com o aérobus que partia levando os desencarnados socorridos e orientados que vira entrar para os postos de socorro ou para a colônia, à qual o centro espírita era filiado.

Também iam embora os encarnados, sempre tranqüilos, acompanhados de seus guias espirituais; iam conversando amigavelmente, trocando idéias sobre o trabalho da noite.

Percebi logo a dedicação do senhor Antônio, que, com paciência e bondade, ouvia as queixas desses irmãos e elucidava sobre tudo o que indagavam. Notei também a freqüência de quase todos eles e vim a saber que se tratava dos médiuns, os trabalhadores encarnados.

– Você, Ricardo, é um bom vigia.

Foi o primeiro elogio que ouvi do orientador Isaías, que me deixou contente e incentivou-me a melhorar.

O meu ex-lar melhorara muito, minhas irmãs Taís e Telma eram dedicadas e boas, como também o eram seus esposos.

Márcio administrava os negócios de papai com precisão e honestidade, meus sobrinhos cresciam sadios e fortes e para mim – "tio coruja" – eram lindos. Pretinha cuidava da casa e de todos com a mesma dedicação, o que me comovia. Mamãe Margareth melhorara muito: com meu incentivo passou a dedicar-se mais à Valquíria e ao papai. Era outra pessoa, como comentavam, não saía mais de casa, não se arrumava como fazia antes e, atendendo a meus pedidos, orava mais e passou a ir com mais freqüência à igreja.

Valquíria definhava, estava magra e mais feia fisicamente. Carlos temia que não agüentasse passar a puberdade e morresse. Mas, para mim, ela melhorava, acalmara-se e, com mamãe mais ao seu lado, se sentia contente. Percebia minha presença e suas crises escassearam. Sempre estava a lhe pedir paciência e que se acalmasse, ela sentia-me espiritualmente e atendia.

Papai melhorava aos poucos, insistia muito com ele para que orasse; ele relutava, não se sentia digno e, quando começou a orar, sentiu-se muito melhor, passou a ter momentos de paz e começou a pedir perdão a Deus, à mamãe Manuela, a Raul e ao Louco.

Pensava sempre sobre o que o levara a achar que Manuela o traía ou que iria traí-lo. Sabia, no entanto, que ela fora fiel e que era honesta e boa. E na razão de não ter conseguido amar Raul. Era seu filho e naquela época queria que ele fosse filho do tarado. Ao pensar em Raul, chorava sentido, amava agora o filho que antes odiava e que assassinara, e o remorso doía-lhe profundamente.

Já não ficava preso no quarto, porém saía muito pouco de lá.

Um dia, acompanhando papai e mamãe que andavam pelo quintal, ouvi-os:

– Margareth, sinto que melhoro, porém carrego comigo uma dor tão grande que nunca mais serei como antes. A perda do nosso Ricardo é irreparável, porém é o remorso que me corrói.

Mamãe estremeceu e papai, após uma pausa, continuou:

– Estou calmo, lúcido e gostaria de que pelo menos você acreditasse em mim, fui eu que matei Manuela e Raul e deixei que um pobre louco pagasse pelo meu crime.

– Manuel, não diga isso, pelo amor de Deus, como pode?

– Como gostaria que tudo isso fosse mentira, mas não é. Matei minha esposa para me casar com você. Não a amava, não sei por que achava sempre que ela ia me trair e não suportava vê-la fiel e honesta. Queria me casar, ter você, bonita e alegre. Raul era um garoto assustado pela minha maldade, não o amava, não o queria como filho, livrei-me deles, ou pensei que me livraria. Agora, o remorso me destrói.

Mamãe chorou, papai abraçou-a.

– Você também, Margareth, sofre muito. Como tenho sido egoísta, só percebo minha dor.

– Manuel, prometa que não irá contar essa história a mais ninguém. Pensarão que está louco e o internarão num sanatório. Não quero me separar de você, esqueça esse crime. O Louco já morreu; Manuela, Raul e nosso Ricardo não voltarão mais. Não se martirize assim, esqueça isso. Valquíria e eu necessitamos tanto de você!

– Valquíria...

– Sabe, Manuel, tenho cuidado mais dela, é tão frágil! Carlos acha que ela morrerá logo.

– Nunca liguei para ela nem para Raul.

Calaram-se e, para minha alegria, entraram e foram até Valquíria. Papai pegou-a no colo, conversou com ela. Minha irmãzinha estranhou, não quis receber os afagos dele. Papai entendeu que errara com ela, porém podia reparar o seu erro, e, com paciência, passou a agradá-la. Valquíria começou a aceitar seus afagos e a se sentir feliz com a atenção que recebia dos pais; deixou definitivamente de ter suas crises.

Eu recebia muitas visitas, eram amigos do Educandário, dos ex-mestres, como também do professor Eugênio e de mamãe Manuela; era gratificante escutá-los, receber notícias do Educandário. Raramente ia à colônia, dedicava-me com todo o carinho ao meu trabalho e estava realmente aprendendo a servir, emocionava-me até as lágrimas com meus pequenos êxitos.

João Felipe viera também visitar-nos. Abraçou papai em espírito, fora do corpo físico, e respondeu ao seu pedido de perdão.

– Perdôo sim, Manuel. O que sofri foi por minha colheita, tenha paz, meu irmão.

Papai, naquela noite, dormiu tranqüilo.

Vovó Margarida sempre que podia visitava-nos, estava sempre nos ajudando. Um dia comentei com ela:

– Vovó, sei que Valquíria e mamãe Margareth já estiveram juntas em outra existência, e encabulo-me às vezes com Pretinha, tão boa, tão dedicada, terá ela motivos para servir assim? Conhece o passado delas, vovó?

– Sim, Ricardo, conheço e vou contar a você. Pretinha na outra existência certamente tinha outro nome, este detalhe não importa. Pretinha foi muito bonita, caprichosa, fugiu de seu lar mocinha, deixando seus pais desesperados, a sofrer, para ter uma vida mundana de festas e muitos parceiros. Teve uma filha, Margareth, que manteve consigo, pagando a uma mulher para que tomasse conta dela. Ensinou a filha desde menina a ser vaidosa, a ter ambição e, adolescente ainda, a iniciou na forma de vida que levava. Nesse período, Margareth deu à luz uma menina, Valquíria, linda, de uma beleza exótica. Com oito anos, Margareth a colocou num convento para que tivesse outra educação, desejando que esta casasse bem, de preferência com um homem rico. Quando a filha saiu do convento, Margareth conseguiu casá-la com um homem mais velho e rico.

Valquíria apaixonou-se pelo marido e viviam felizes. A avó e a mãe a visitavam com freqüência, porém Margareth apaixonou-se pelo genro, sentiu uma paixão forte, tudo fez para conquistá-lo e tornaram-se amantes.

Valquíria acabou descobrindo o romance dos dois, ficou desesperada e prometeu que se vingaria. O esposo arrependeu-se, jurou parar de fazer todos sofrerem. Valquíria fora educada entre religiosas, conhecia e seguia uma religião. Planejou e, conscientemente, para vingar a traição, suicidou-se, jogando-se do alto de uma torre, desencarnando na hora, antes de completar dezenove anos.

Conseguiu fazer com que todos sofressem, o esposo sentiu muito sua morte, a mãe desesperou-se em sofrimento e ela também sofre até hoje seu ato de vingança. Margareth, arrependida, culpava a mãe por tê-la ensinado a ser devassa, e as duas, tristes, amarguradas, viveram ainda por muitos anos.

Pretinha foi a que sentiu mais, teve lar e não deu valor a ele, teve uma filha e a fez infeliz.

Reencarnadas, a bondade de Deus reuniu-as novamente. Pretinha, órfã de mãe, meninota, o pai colocou-a em lar alheio para que trabalhasse. Serve Margareth, ajuda Valquíria, dedica-se agora a elas sem ser parente carnal. Agora é mãe e avó, amorosamente.

– Vovó, Pretinha trabalhou para mamãe e, antes, para a senhora?

– Sim, dedicada e trabalhadeira, fez por merecer ter boas patroas e amigas. Se não tivesse ocorrido o desencarne de Manuela, Pretinha iria por instinto do amor achar Margareth e servi-la, ajudá-la. As duas, em espírito, sabiam que Valquíria viria diferente e, sentindo-se culpadas, queriam estar com ela e ajudá-la.

– Puxa, vovó, vendo Valquíria agora, gostaria de poder gritar a todos os que pensam em suicídio para não fazê-lo. Destruir o corpo traz sempre sofrimentos maiores.

– O importante, Ricardo, é que as três estejam vencendo suas más tendências, aprendam a amar e a se respeitar. E Pretinha aprende muito nesta existência, serve, ajuda a antigos parentes carnais e ama muito.

– De fato, Pretinha ama, ajudou tanto a Taís, a Telma e a mim. Também recebe amor, já notou como ela é amada? Taís e Telma a têm como uma segunda mãe, seus filhos a chamam de "Tia Pretinha". É tratada como se fosse da família, e eu também a amo muito.

Era verdade, Pretinha amava e amor sincero é uma força poderosa, dá-se e se recebe. Amava Pretinha, e pensei: "Somos no presente o que construímos no passado e seremos no futuro o que fizermos no presente". Construir, realizar o bem, era muito importante, comecei a planejar como faria para ajudá-los a pensar neste assunto.

Meu trabalho no centro espírita era gratificante, qualquer pequena ajuda que fazia a outrem era eu o primeiro a receber; sentia-me tão bem e alegre que logo os amigos estavam me chamando de "Ricardo Alegria".

De vigia, passei a integrar as equipes de socorro, primeiramente ajudando os que vagavam na crosta. Atendíamos a pedidos de socorro emitidos da cidade e vê-la agora era bem interessante; conhecia a cidade muito bem na sua forma física, e conhecer seu lado espiritual foi de grande aprendizado.

Via muitas tristezas e sofrimentos, mas isso não me abalava; visitávamos muito o hospital e o número de desencarnados doentes era às vezes maior que o de encarnados. Gostei de consolar e animar os doentes e muitos deles se alegravam e resignavam-se com nossa presença. Quando não queriam receber nosso conforto, orávamos por eles e por minha vez tinha-lhes pena; é tão ruim negar-se a se conformar!

Visitávamos muito também o cemitério, confortando os encarnados que lá iam e procurando ajudar os desencarnados que, inconsoláveis, se prendiam a seus restos mortais sem querer abandonar o corpo. Andávamos pelas ruas, procurando ajudar aos necessitados, orientando, aconselhando desencarnados e instruindo para o bem os encarnados. Sabíamos que estávamos oferecendo ajuda e não obrigando ninguém a aceitar. Entendia agora que o Pai não deixa nenhum de seus filhos sem socorro. Num grande aprendizado, para que amemos a todos como irmãos, deixou-nos a lição: que nos ajudemos uns aos outros.

Interessei-me muito pelo trabalho que as equipes do centro espírita faziam no umbral. Íamos em excursão socorrista às partes mais próximas da crosta, onde ajudávamos sempre espíritos escravizados das falanges do mal e socorríamos também os que sofriam de remorso e os que clamavam por clemência. Estávamos sempre preparados contra os ataques dos irmãos inferiores que não queriam invasões nos seus domínios. Nas minhas primeiras excursões temi, depois aprendi a confiar e entendi que aquele que sabe faz com confiança.

Voltávamos ao centro espírita, carregando irmãos deformados, em farrapos, em grandes sofrimentos, para o socorro necessário.

Sabia que já havia sido como eles, recebera socorro e agora tinha a graça de socorrer. Sabia também que aquele sofrimento lhes era necessário como aprendizado, eram os invigilantes em que a morte física destruíra a ilusão construída sobre a areia.

– Agora, Ricardo – disse Isaías –, trabalhará diretamente com o encarnado, ajudará os protetores de médiuns no seu trabalho. Um médium ativo trabalha muito.

Primeiramente, acompanhei Nélson, que protegia dona Ana, e ele logo me informou:

– Ricardo, dona Ana e eu somos amigos e companheiros, não estou aqui para fazer a tarefa dela, e sim para ajudá-la e incentivá-la a fazê-la bem feita.

A dona Ana era uma pessoa boa e agradável. A tarefa era fácil porque ela era uma espírita fervorosa, lia e meditava sobre os Evangelhos todos os dias, orava com fé e tinha uma forma de vida honesta e simples. O trabalho que nos cabia fazer era socorrer os desencarnados que ela bondosamente pedia a Nélson para levar ao centro espírita e encaminhá-los. Toda vez que ajudava aos outros, ela os via; dona Ana estava sempre ajudando, e eram várias as pessoas que lhe pediam auxílio. Foi um período no qual aprendi que com fé e honestidade se constrói muito e que a alegria do encarnado ao fazer o bem é incomparável.

Depois fui ficar com Anacleta, que protegia dona Nívea, uma médium iniciante que longe estava de ter sido por amor a aceitação da tarefa mediúnica. Fora a dor que a trouxera para o centro espírita e para os trabalhos práticos. Indisciplinada, nunca achava tempo para estudar a Doutrina Espírita e vivia reclamando; tinha um vício bem desagradável: comentar a vida do próximo e contar piadas de baixa moral. Com grande bondade, Anacleta tudo fazia para orientá-la. Quase todos os dias, reunia-se com as amigas para sua conversa habitual. Anacleta e eu nos afastávamos, não dava para ficar perto e ouvir tantas coisas desagradáveis. Entretanto, outros desencarnados, que se afinam com esse tipo de conversa, reuniam-se a elas e gargalhavam, trocando fluidos negativos. Dona Nívea recebia esses fluidos, clamava pelo anjo da guarda, seu guia-protetor, e reclamava a todo instante: "Estou mal, vou reclamar ao senhor Antônio, tenho ido às sessões e aí está, é o que recebo, estou pesada, com fluidos ruins; vou tomar passes".

Dei graças a Deus por mudar de trabalho. Não é agradável ser protetor daquele que acha que merece receber alguma coisa em troca da sua mediunidade, e pensa estar fazendo favores a outrem e não a si mesmo.

Fui acompanhar o senhor Antônio. Ele, além de Isaías, tinha sempre consigo dois a três trabalhadores, e estar com eles foi muito gratificante. O senhor Antônio trabalhava muito materialmente para seu sustento e dos seus e todos os dias, à tardinha ou à noite, dava passes em várias pessoas e visitava doentes.

A nós cabia o socorro dos desencarnados que acompanhavam os encarnados que vinham até ele em busca de auxílio. Também estávamos sempre atentos para o ataque de desencarnados mal-intencionados; muitas vezes tínhamos que prender alguns e deixá-los no centro espírita para que, na próxima sessão, fossem orientados.

Nesse período excursionei com Isaías pela parte mais trevosa dos umbrais. No começo fiquei chocado com as condições em que viviam tantos irmãos, lugar muito triste com fluidos pesados, tantos sofrem lá e outros se vangloriam de lá estar e de ter no umbral sua morada. Fizemos socorros fantásticos e impressionava-me o modo com que Isaías tratava nossos irmãos trevosos na sua ignorância, mudando muitos deles e encaminhando-os para o bem.

– Ricardo, cada um faz por merecer estar num lugar, afinamo-nos a grupos semelhantes.

Ouvi essa explicação de Isaías, quando vi que muitos desencarnados que socorríamos não queriam ir para os postos de socorro nem para as escolas do plano espiritual. Queriam, sim, ficar livres de seus males e dores, sem mudar a forma de viver.

Curados de seus males, recebiam orientação, eram levados para o posto de socorro do qual o centro espírita fazia parte, para logo mais voltar quase sempre para seus lares ou lugares afins. Tempos depois, pediam novamente socorro; seus males, quase sempre, tinham voltado.

Isaías continuou a elucidar-me:

– Ricardo, nas nossas escolas e nos postos de socorro há muita disciplina. Para que nosso trabalho dê resultado não podemos fugir da regra: "Ordem para progredir". Lá não são permitidos vícios, não há bebida alcoólica, fumo, não podemos permitir fofocas e palavreado baixo. Há horário para tudo, e esses lugares de socorro e aprendizado são simples e sem luxo. Muitos não gostam disso, não se adaptam lá, querem somente a cura dos males externos; mesmo no perispírito, há a parte externa. Não curado o interno, não havendo modificações íntimas, com fluidos pesados da crosta, logo estão novamente com seus males. E sofrem até que realmente desejem mudar, sendo a dor maior que o orgulho, até que aceitem nosso lugar de socorro como bênção e com respeito. Muitos, entretanto, não conseguem ficar num posto de socorro pela saudade que sentem dos seus. Desejam tão intensamente estar com eles que acabam vindo e depois não sabem voltar.

Completara quatro anos que trabalhava no centro espírita, meus familiares melhoraram muito. Papai, para nossa felicidade, pensava em assumir os negócios.

– Ricardo – disse vovó –, se você quiser pode voltar ao Educandário, não creio que Manuel possa recair.

Pensei por momentos e respondi:

– Vou ficar, vovó. Se posso escolher, quero continuar aqui, quero encaminhar para uma compreensão maior os meus familiares e dedicar mais horas de trabalho a esse grupo tão amigo. Ainda não participei das sessões e desejo muito fazê-lo!

– Orgulho-me de você, meu neto, acho que fez a melhor escolha.

Abraçamo-nos contentes. Sentia-me realmente muito feliz, estava aproveitando a oportunidade que me fora oferecida, aprendia a servir.

NO CONFORTO DO ESPIRITISMO

Depois de algum tempo em que passei a dedicar mais horas de trabalho ao centro espírita, papai ficou doente. Sofrera um derrame cerebral e fora constatado que era portador da doença de Chagas. O derrame deixou-lhe seqüelas, ficara com o lado esquerdo do corpo com dificuldade de movimento, como também com problemas para falar. Tratado com carinho e fisioterapia, meses depois estava caminhando com dificuldades, amparado numa bengala; desistira de voltar ao trabalho, não saiu mais de casa e recebia poucas visitas.

Dores, o sacrifício dos exercícios, as medicações, nada disso fazia papai reclamar. Estava contente com tudo, em casa ninguém reclamava, e um dia ouvi papai comentar com mamãe:

– Margareth, a sociedade não quis prender-me, não me deixaram pagar por meu crime na prisão. Às vezes me pergunto se não estou preso. Não saio mais de casa, fico quase o tempo todo no quarto e com minha doença quase não ando e falo tão enrolado!

– Manuel, não fale assim, sofremos sem reclamar, talvez este sofrimento seja fruto do nosso erro; não toque mais neste assunto, por favor, você prometeu. Tenho medo de que suas filhas ouçam, elas pensam com certeza que foi uma alucinação momentânea que teve.

Se papai não falava, pensava muito, todos os dias orava e pedia perdão.

Chegou a minha vez de servir nas sessões práticas no centro espírita. Vibrei de contentamento. A primeira vez em que participei foi para o estudo evangélico e doutrinário. Não havia muitos encarnados. Por mais que o senhor Antônio convidasse e orientasse para a necessidade de todos aprenderem, principalmente os médiuns, para servirem com mais precisão e com sabedoria, eram poucos os que freqüentavam as reuniões de estudo.

Muitos desencarnados tinham a permissão de ficar para aprender. Isaías e outros colaboradores procuravam instruir e orientar o estudo da noite. Iniciava-se com uma prece, feita a cada dia por uma pessoa, o senhor Antônio abria *O Evangelho Segundo o Espiritismo* e lia um texto; após, comentava-o e as pessoas presentes podiam dar sua opinião, ou mesmo falar sobre o texto lido.

Os desencarnados somente escutavam e, se quisessem esclarecer alguma dúvida, esperavam o término da reunião, e Isaías elucidava-os com prazer.

Após, *O Livro dos Espíritos* foi aberto no lugar marcado, estava sendo estudado desde o início; gostei muito da forma como estudavam, uma pergunta ou mais era lida e discutiam o assunto até que todos entendessem. Era muito interessante, trocavam idéias, comentavam fatos ocorridos com eles, também liam nas reuniões artigos sobre a Doutrina Espírita, páginas de revistas e jornais espíritas.

No horário marcado, terminavam com a Prece de Cáritas e agradeciam a oportunidade de aprendizado.

Os encarnados iam embora conversando. Nós ficávamos por mais tempo desfrutando da companhia de Isaías. Agora éramos nós que conversávamos trocando idéias, comentando fatos, tirando dúvidas com as elucidações de Isaías.

O trabalho de desobsessão começava para nós, desencarnados, horas antes, tudo bem organizado; várias equipes participavam, para que aprendêssemos com precisão, era feito também o rodízio. Uma equipe tomava conta dos desencarnados sofredores, outra, dos irmãos ignorantes do bem; uma equipe auxiliava os encarnados, os médiuns, outra visitava os lares dos presentes, como também os pedidos que o centro espírita recebia, quase sempre de socorro, solicitações de ajuda, anotados no caderno que ficava sobre a mesa. Também tínhamos a equipe de médicos e nós, leigos em medicina, participávamos como ajudantes de enfermeiros. Sempre havia muito trabalho. Os espíritos adormecidos eram despertados e reunidos aos que chegavam para ouvir a leitura do Evangelho e as preces. Todos os desencarnados tinham que ficar quietos, respeitando o ambiente. Os insubordinados, para não tumultuar os trabalhos, eram presos por forças magnéticas e esperavam, numa fila, sua incorporação. Os médiuns chegavam e sentavam-se à mesa. O responsável pelas incorporações começava a organizar a fila dos que recebiam orientação pela incorporação, e por qual dos médiuns.

Quando um médium não ia, fazia muita falta, às vezes não era possível despertar todos os que esperavam adormecidos e muitos tinham que aguardar pela oportunidade na próxima vez. E muitos iam sofrer por mais alguns dias ou semanas. Com todos acomodados e em silêncio tinha início a sessão com uma prece feita por um dos que se sentavam ao redor da mesa.

O senhor Antônio lia um texto do Evangelho e fazia breve comentário. A luz branca apagava-se e era ligada uma outra bem suave.

Com todos participando da prece, o ambiente ficava confortador, levando muitos desencarnados a chorar emocionados. Muitos, como previa Isaías, nem necessitavam de uma incorporação, compreendiam e aceitavam nossa ajuda. Os protetores dos médiuns ficavam ao lado deles, ajudando na incorporação. Os desencarnados aproximavam-se dos médiuns, que recebiam suas idéias e começavam a falar. É um fenômeno maravilhoso. Ao se aproximar o desencarnado do médium, este percebe a grande diferença que há nos seus corpos, logo que o doutrinador compara sua situação. Ele fala quase sempre de sua situação, de suas mágoas e de suas dores; podendo falar e ser escutado por encarnados, recebe de um doutrinador orientação e, conseqüentemente, sua melhora. Afastado do médium, espera em outra fila. Os desencarnados perturbados, maus, ficam quase sempre inquietos, desejando incorporar logo, não tendo paciência para esperar, ou não querendo conversar com ninguém, ainda mais com encarnados. Eles têm a consciência intranqüila e não gostam de dar contas de seus atos. Com sabedoria, o senhor Antônio, ajudado por Isaías, conversava com eles, procurando fazer com que entendessem a necessidade de melhorar e mudar a forma de viver.

Orávamos com fé para que esses irmãos tomassem consciência de seus erros e voltassem ao bem.

Perto do horário de encerramento, os socorridos eram levados para um aérobus e conduzidos ao local devido; Isaías sempre orientava seus colaboradores.

Nem todos os centros espíritas trabalham dessa maneira. São diversas as maneiras de realizar a tarefa e, se os componentes de um grupo estão com boa vontade e determinação de fazer o bem, ele é realizado. Contudo, os que estudam, aprendem, sabendo, realizam-no com mais segurança.

Procurava fazer as tarefas que me cabiam com segurança e da melhor forma. Entretanto, sempre que possível, prestava atenção às incorporações. Gostava muito. Cada desencarnado tinha uma história interessante. A morte do corpo, a desencarnação, não é igual para todos, não segue regra geral, e a maioria das pessoas sofre por mudar a forma de viver e por não aceitar esta mudança.

Comovia-me por ver tantas pessoas passarem anos e anos iludidas, sem sequer perceber que tinham desencarnado. Muitas delas acreditavam que a morte seria diferente, e não pelo processo simples por que passaram. Outros julgavam-se credores por terem feito muitas orações, algumas caridades e participado de cultos externos. Honraram com os lábios e não com o coração. Muitas e muitas vezes, chorei junto deles, apiedando-me com seus sofrimentos.

Vendo tantos imprudentes, Isaías, por intermédio do senhor Antônio, repetia sempre, tanto para os desencarnados como para os encarnados que ali aprendiam:

– Aproveitemos a oportunidade que o Pai Maior nos está oferecendo para melhorarmos interiormente, trocando nossos vícios por virtudes, aprendendo para compreender as verdades eternas. E a nós, encarnados, o que é mais importante é voltarmos ao plano espiritual com boas obras, com nossos talentos multiplicados; e desde já tudo devemos fazer para que nos afinemos com o bem para merecermos ficar em bons lugares.

E suas orientações vinham ao encontro de nossas necessidades. Nós, desencarnados, meditávamos em profundo silêncio e muitas vezes escutei no término da sessão encarnados trocando idéias:

– Não quero desencarnar e ficar no umbral. Meu Deus, como é triste!

– Viva de maneira que mereça ser socorrida, Marisa!

– Como é ruim desencarnar e ficar iludido, julgando que o corpo não morreu!

Compreendi que o principal objetivo das reuniões era educar, instruir, doutrinar, sanar o espírito.

Após os socorridos terem se retirado, um dos presentes orava a Prece de Cáritas. Os orientadores desencarnados espargiam fluidos salutares sobre todos os encarnados que oravam e estes recebiam energias puras, forças para o espírito e o corpo.

Com a saída dos encarnados nosso trabalho não terminava. Organizávamos tudo, deixando o centro espírita, no plano espiritual, limpo e organizado.

Equipes nossas também acompanhavam os socorridos para o posto de socorro. Fui lá muitas vezes, era grande e muito bonito. Acomodávamos os doentes nas enfermarias, quase sempre eles indagavam sobre suas dúvidas e conversávamos por horas, motivando-os, explicando onde estavam, o que de fato se passara com eles. Quase todos se sentiam felizes por estarem curados e faziam promessas de melhorar e se adaptar à nova forma de viver. Pena, pensava, que a maioria logo esquecia esse propósito.

Gostava muito de participar dos trabalhos da equipe médica como ajudante de enfermagem, ajudando a encarnados e a desencarnados; ficava sempre atento às explicações que os médicos nos davam:

– As doenças têm diversas origens: as carmáticas, que às vezes só podemos suavizar para animar os doentes; as que conseguimos curar são as doenças que criamos pelos vícios, pela alimentação errada e exagerada, e tantas outras doenças comuns, como gripe, sarampo etc., que são simples conseqüências de vivermos nos fluidos da Terra.

Fluir a água era de muita responsabilidade. Doutor Jamil, nosso companheiro desencarnado, organizava a medicação, cuidadosamente a colocava nos frascos particulares e fluía com energia a água que todos tomariam.

No centro espírita não havia trabalhos sociais. Senhor Antônio sempre dizia que a caridade material ficava a cargo de cada um; e ele dava o exemplo, socorria a todos os que lhe pediam e estava distribuindo sempre mantimentos pelos subúrbios da cidade.

Pessoalmente conhecia e participava de todos os trabalhos e, se podia escolher, ajudava nas incorporações. Nessa ajuda, aprendi muito, entendi que é muito mais fácil desencarnar conhecendo o fenômeno da morte física e ter a compreensão de como vai ser a vida após a morte do corpo carnal. Todas as religiões são boas; pessoas religiosas são ligadas ao Pai; ser bom é ter um tesouro de felicidade no plano espiritual, afinar-se com a vida simples e pura e amar os locais de socorro.

Mas o Espiritismo ensinava a amar com compreensão e entender com raciocínio lógico os ensinamentos de Jesus. Os encarnados espíritas ganhavam muito aprendendo o que muitos de nós fazíamos agora, desencarnados. Pensava como seria bom se os meus familiares conhecessem e entendessem o Espiritismo. Sabendo que o senhor Antônio visitava tantos doentes, pedi a Isaías:

– Isaías, o senhor Antônio poderia visitar meus pais, o Espiritismo fará tanto bem a eles!

– Podemos pedir-lhe.

O senhor Antônio recebeu sem entusiasmo meu pedido. "Como iria a um lar – pensou – sem ser convidado? Como seria recebido, se apenas os conhecia?"

Não desanimei, insisti; dois dias depois, ao sair para suas visitas, acompanhei-o, instruído por Isaías; passou em frente à casa de meus pais, por minutos ficou indeciso, aproximei-me dele e pedi:

– Senhor Antônio, por favor, vá, eles necessitam de orientação, de ajuda, vá, por favor.

Senhor Antônio bateu palmas no portão e em instantes foi atendido por Pretinha. Meu amigo falou um tanto encabulado:

– Vim visitar o senhor Manuel.

– Entre, senhor, estamos na sala neste momento, o senhor Manuel ficará contente. Recebe tão poucas visitas, acha-se esquecido pelos antigos amigos.

O senhor Antônio entrou, papai cumprimentou-o e reconheceu-o como um antigo freguês do armazém. Era, contudo, pouco o conhecimento para uma visita, e meus pais ficaram curiosos.

O senhor Antônio, agradável, simpático, encaminhou a conversação para assuntos alegres e os minutos passaram rapidamente. Querendo que conversassem sobre a Doutrina Espírita, intuí Pretinha a indagar:

– Senhor Antônio, o senhor é espírita?

– Sim, senhora, sou espírita.

– O que é o Espiritismo, senhor Antônio? – indagou mamãe.

– Uma religião codificada por Allan Kardec, que nos dá a compreensão da vida nas suas diversas formas de vivê-la, seja no corpo físico, seja no Além, tendo o corpo morto.

A resposta simples veio diretamente a eles e todos silenciaram e pensaram em mim. Mamãe indagou, novamente curiosa:

– Acha o senhor que nosso Ricardo vive de outro modo? Ele está vivo?

– Sim, vivo em espírito, e Ricardo muito os ama.

Muitas perguntas fizeram ao senhor Antônio, que pacientemente respondia, e a visita prolongou-se.

– Já é tarde – disse meu amigo –, devo ir-me.

– Por favor, não vá, há tanto tempo que não tínhamos uma conversa tão agradável! – disse mamãe.

– Senhor Antônio – disse papai no seu jeito confuso, às vezes sendo ajudado por mamãe ou Pretinha –, sua religião deve dar muitas esperanças a seus seguidores. Se o senhor puder, volte, interessei-me profundamente, gostaria de conhecer e entender seus ensinamentos.

– É com prazer que volto e, se quiser, trago alguns livros nos quais encontrarão esses ensinos.

– Poderia comprá-los para nós? Gostaria de ter alguns – disse mamãe, entusiasmada. – Que maravilhoso é poder saber como está vivendo Ricardo, como é a continuação da vida no Além.

– Sim, posso comprá-los, tenho alguns exemplares para serem vendidos, que adquiri na Feira do Livro do ano passado.

Mamãe pediu licença, saiu da sala e voltou com uma quantia de dinheiro que entregou ao senhor Antônio.

– Compre-os para nós, por favor, senhor Antônio. Aqui está o dinheiro, traga-nos o que achar melhor, assim desfrutaremos novamente de sua companhia, quando vier trazê-los.

Quando o senhor Antônio se retirou, conversaram animados sobre o assunto ouvido e, como esperava, gostaram muito do orientador do centro espírita.

Agradeci ao senhor Antônio. Ele sorriu para mim, sentiu meus fluidos e disse baixinho:

– Foi você, hem, Ricardo, que me fez vir visitá-los. Valeu, meu amigo, foi uma visita de proveito.

O senhor Antônio foi logo separar os livros para levar à mamãe, e exclamou ao contar o dinheiro:

– Ora veja, a senhora Margareth pensa que os livros espíritas são caros como os comuns. Comprará muitos livros!

Dois dias depois, o senhor Antônio levou os livros, explicou o que encontrariam em cada um deles e conversaram por muito tempo sobre Espiritismo. Comovi-me quando papai pediu-lhe:

– Senhor Antônio, seria possível dar-me um passe?

O senhor Antônio bondosamente aplicou-lhes um passe de energia e todos se sentiram bem. O dirigente espírita passou a ser um amigo sempre bem-vindo àquela casa.

Começaram a ler os livros, trocar idéias, falar de textos e, como o senhor Antônio sugerira, todos os dias, à tardinha, reuniam-se, e mamãe lia um texto de *O Evangelho Segundo o Espiritismo* e oravam juntos.

O clima de minha casa mudou, a tristeza já não deixava fluidos cinzentos, começaram a pensar na caridade e, o mais importante, a praticá-la.

Valquíria acomodara-se bem, agora ficava muito com meus pais, escutava quieta a leitura, as preces, gostando de sentar ao lado de papai.

Papai sofreu seu segundo derrame cerebral, que lhe deixou seqüelas mais graves. Falava poucas coisas e só se locomovia com ajuda. Agora, passava quase o tempo todo deitado ou sentado; passou a meditar nos ensinos que adquirira.

Valquíria fazia-lhe agora companhia constante, ficavam sentados pertinho, silenciosos, porém comungando carinho e resignação.

Os quatro se reuniam por mais tempo e, para não cansar papai, era mamãe ou Pretinha quem lia alto os livros; por vezes, paravam para comentar o texto.

E, como Carlos previra, Valquíria não estava bem fisicamente, seu organismo fraco logo expulsaria sua alma.

Foi durante uma dessas reuniões, em que mamãe lia, que Valquíria simplesmente se desligou. Seu corpinho estremeceu e deixou de respirar.

Seu enterro foi simples e papai não pôde ir, sentiu muito sua ausência. Mas desta vez, com a compreensão espírita, evitaram chorar e esforçaram-se por se conformar.

Mamãe arrependeu-se muito por ter, anos antes, desejado que ela morresse e comentou isso com o senhor Antônio, logo que ele os visitou.

– O que importa, dona Margareth, são seus sentimentos agora, não deve pensar mais nisso. Deu-lhe tanto carinho nestes últimos anos e tornaram-se amigas, amaram-se. Valquíria teve o tempo que lhe foi necessário para reajustar-se; a morte de seu corpo foi uma libertação. Onde está agora, terá a cura de seus males. Pensemos nela, feliz e em paz, e oremos para que ela se adapte lá.

O senhor Antônio tinha razão. Valquíria foi desligada carinhosamente por socorristas, levada para um local de socorro ao qual estava filiada como ex-suicida e lá continuou a ser orientada. Foi com grande alegria que recebi permissão para visitá-la.

– Valquíria!

– Ricardo! Meu Ri!

Abraçamo-nos ternamente, Valquíria estava sadia, falava perfeitamente, seu aspecto modificara-se, estava tranqüila. Ela explicou-me:

– Tive permissão para modificar meu aspecto, poderia até ter a aparência que tive em outra existência, porém não quero ser bonita como fui antes nem tão feia como fui nesta; mas, ao ficar sadia, obtive esta aparência e vou ficar assim. Ricardo, meu irmão, alegro-me tanto em vê-lo e conversar com você!

Valquíria tinha uma voz agradável e doce, estava feliz por conversar, andar com segurança, correr.

– Valquíria, eu que me alegro vendo-a assim.

– Você amou-me, ajudou-me, sou-lhe grata.

– Quero amar e ajudar sempre. Valquíria, por que você não tenta amar a todos também?

– Vou aprender, Ricardo, os ensinos que ouvi sobre a Doutrina Espírita ajudaram-me tanto! O meu cérebro físico podia não entender, mas espiritualmente sim, recordo-os com carinho, vou estudá-los e firmar-me no bem. É tão bom amar a todos e não ter mágoa de ninguém!

– O amor, minha irmã, é o remédio para todos os males, força pura que nos aproxima do Pai. Que Deus a proteja, Valquíria.

E, sempre que me era permitido, ia visitá-la, conversávamos muito e contente acompanhei Valquíria, que com determinação começou a estudar, trabalhar e logo, dentro da instituição, passou a fazer parte de uma equipe de ajuda aos suicidas socorridos.

Minha casa terrena modificara-se, sem Valquíria. Diminuíram os trabalhos, ficou vazia e silenciosa sem seus gritos e choros.

Mamãe e Pretinha, seguindo os conselhos do senhor Antônio, doaram os pertences todos de Valquíria, e até mesmo alguns meus que estavam guardados, para uma escola que orientava crianças excepcionais. Com a permissão de papai, passaram as duas a ir às reuniões de estudos. Passaram também a confeccionar roupinhas e distribuí-las nos lugares pobres da cidade. Defrontaram com muitos sofrimentos, comentavam com papai. Vendo que muitos sofriam mais que eles, entenderam que é ajudando que se é ajudado, é confortando que se é confortado.

Papai, por ficar muito tempo deitado e sentado, começou a ficar com o corpo ferido. Às vezes chorava de dor, porém não reclamava, orava muito, pedia perdão e, o mais importante, perdoara a si mesmo.

O senhor Antônio convidou mamãe e Pretinha para assistirem aos trabalhos práticos de incorporações, elas foram.

Isaías disse-me, ao vê-las entrar no salão:

– Ricardo, prepare-se. No término dos trabalhos, antes da Prece de Cáritas e da oração final, incorporará e falará aos seus familiares presentes por meio do aparelho mediúnico de dona Ana.

Emocionado, pensei no que falaria e aguardei ansioso minha vez.

Quando acabou a doutrinação dos socorristas da noite, o senhor Antônio, instruído por Isaías, viu-me ao lado de dona Ana e disse:

– A dona Ana receberá mais uma vez, é um amigo que dará uma comunicação à sua mãe presente.

Estava maravilhado; era a primeira vez que desfrutava a graça desse intercâmbio. Falei e, como um disco gravado, a dona Ana repetiu alto para os encarnados escutarem.

Emocionei-me, segurei as lágrimas. Não querendo abusar, procurei ser breve e disse:

– Mamãe, Pretinha, peço-lhes a bênção. Estou muito bem, vivo feliz, estou agradecido pela oportunidade de falar a vocês, como também por vocês terem aceitado a graça do consolo que o Espiritismo dá a todos nós. Peço-lhes paciência e firmeza na caminhada a que foram chamadas a seguir. Trago notícias de Valquíria, minha irmãzinha está linda, sadia e muito feliz. Transmita ao papai meu pedido de bênção e digam também que o amo muito. Eu amo demais todos vocês.

Afastei-me. Não só mamãe e Pretinha choravam como muitos dos presentes e até eu. Isaías abraçou-me.

– Isaías, sou grato a todos.

– Ricardo, a mediunidade é maravilhosa quando se serve ao bem, agradeçamos ao Pai.

Acompanhei-as, estavam as duas contentes, agradecidas, e ao chegarem foram contar ao papai.

– Meu Ricardo vive, é feliz – exclamou ele –, graças a Deus!

Choraram de emoção, de saudade e as lágrimas de resignação os aliviaram; tranqüilos, oravam em agradecimento.

Passei a dedicar mais horas de trabalho ao centro espírita. As restantes, ficava com os meus para animá-los. Agora, minha tarefa em casa estava fácil. Se via papai sofrer fisicamente, por outro lado ele se fortalecia espiritualmente e isso era o mais importante. Sabia que iria desencarnar e seu sofrimento estava curando seu espírito.

E trabalho num centro espírita não falta; o aprendizado era diário e o tempo passou.

ALELUIA

Papai não estava bem, tanto que Isaías permitiu que passasse mais tempo com ele. Ia completar naquela manhã quinze anos que eu desencarnara. Como sempre, fizeram a higiene diária em papai e ele pacientemente suportara as dores que sentia ao serem medicados seus ferimentos causados pela imobilização. Tinha feridas pelo corpo, principalmente nas costas, nádegas e pernas, que exalavam odores desagradáveis. Sentia muitas dores e cansaço.

Lembraram-se os três da data, comentaram os tristes fatos ocorridos há quinze anos. Éramos felizes e este dia marcou a todos, levando-os a conhecer a dor, o sofrimento.

Deixaram papai no leito, ele começou a recordar os acontecimentos daquele dia com clareza. Depois passou a recordar acontecimentos, sem ordem, de sua vida. Seu corpo enfraquecia, respirava com dificuldade, logo ia ter seu terceiro derrame cerebral. Mamãe e Pretinha, ao vê-lo, preocuparam-se e pediram que buscassem o médico. Logo o facultativo chegou e examinou-o:

– Senhor Manuel não está bem, dona Margareth.

Mandaram chamar Taís e Telma e eu chamei Isaías.

– Ricardo – disse-me Isaías carinhosamente –, seu pai desencarna. Os socorristas logo estarão aqui para desligá-lo do corpo, o senhor Manuel será levado para um posto de socorro. Seu pai muito errou, muito sofreu, aprendeu a amar e, o mais importante, aproveitou seu sofrimento para aprender e modificar-se, suportou o sofrimento físico, como medicamento para seu espírito.

A família em prece acompanhou sua agonia, estavam silenciosos. Isaías adormeceu o espírito de papai, que parou de sofrer; os socorristas o desligaram e o retiraram do corpo, e este morreu.

Acompanhei tudo calmamente, orando com fé, vibrando com carinho, para que eles tivessem força, diante de mais esse sofrimento. Sabendo que papai ia ficar dormindo algum tempo, permaneci ali para consolar mamãe.

Quando o médico deu a notícia, mamãe chorou baixinho, tentou orar, rogava por meu auxílio, pedia-me para encaminhar papai.

Taís e Telma tudo fizeram para consolar mamãe. Foram ao enterro juntas, sentiam sem revolta a desencarnação de papai. Continuaram a ir a casa, agora de mamãe, e tudo faziam para agradá-la e confortá-la.

Após a missa de sétimo dia que Taís mandou celebrar, foram todos da família ao cemitério. No mesmo túmulo estavam os restos mortais de papai, de Valquíria e os meus, como Ricardo.

– Margareth – disse Taís –, Márcio e eu queremos que você e Pretinha venham morar conosco.

– Também é este o nosso desejo – disse Telma.

Mamãe chorou comovida, agradecida, e abraçou as enteadas.

– Obrigada, minhas filhas, Pretinha e eu queremos ficar no nosso canto, não queremos mudar, lá é o nosso lugar, mas quero pedir a vocês para que nos enterrem aqui, junto deles, quando nosso corpo morrer. Queremos ficar os cinco juntos.

Todos foram embora, só ficaram mamãe e Pretinha, orando.

– Pretinha, como Taís e Telma são boas!

– Dona Margareth, a senhora também sempre foi boa para elas.

– É, Pretinha, recebo uma pequena parte de minha colheita, a parte boa. Já pensou se tivesse sido má com elas, agora sozinha, com quem contaria? Tive dois filhos, tenho-os, porém partiram mais cedo, só me restam elas.

– Não está sozinha, tem a mim; eu, sim, não tenho ninguém.

– Queixamo-nos à toa, temos muito e teremos mais se fizermos por merecer. Se eu tenho você, você tem a mim. Que tal pensarmos que somos duas irmãs? Para começar, não me chame mais de dona!

– Será que me acostumo?

As duas voltaram de braços dados e com muitos planos. Iam ser membros ativos dos trabalhos assistenciais e freqüentar todas as sessões do centro espírita. Eram, de agora em diante, espíritas assumidas.

À noite, reuniram-se para tratar dos negócios, mamãe disse:

– Márcio, quero que cuide do testamento, você e Carlos. Quero somente ficar com esta casa e já passe em usufruto das meninas. Quero, também, passar a casa que temos na esquina em nome de Pretinha; se eu morrer primeiro, quero que ela fique pelo menos com uma casa boa e que o aluguel a sustente, juntamente com a aposentadoria que logo irá receber. Com a aposentadoria que receberei de Manuel, eu e Pretinha viveremos bem.

– Dona Margareth, tem certeza de que é isso mesmo que quer? A metade de tudo o que o senhor Manuel tinha é da senhora.

– É assim que quero, Márcio, tudo o que era de Manuel deve ser de Taís e Telma.

– Farei como quiser, porém temo que a aposentadoria não possa sustentá-las no futuro. Passarei as casas de aluguel que o senhor Manuel tinha no seu nome em usufruto de Taís e Telma. Terá assim mais uma renda e nós teremos a certeza de que estarão bem, financeiramente. E reafirmamos: nossos lares estarão à disposição de vocês duas, venham ter conosco quando quiserem. Podem ter a certeza de poderem contar conosco sempre, a família continua. A senhora, dona Margareth, foi sempre como mãe para Taís e Telma, avó de nossos filhos, nós a amamos e nossa amizade deve continuar.

Ao receber o recado de que papai acordara, quase um mês depois, fui visitá-lo. Estava num posto de socorro perto da crosta, um lugar de amor, pequeno, simples e bonito.

Abraçamo-nos comovidos, choramos e ele exclamou:

– Desencarnei mesmo!

– Papai, está num posto de socorro recuperando-se, logo poderá levantar-se, deve esforçar-se para sarar. São, pode ser útil; doente, terá de receber ajuda.

– Esforçar-me-ei, meu filho, tantos anos doente, alegro-me em sarar, já não sinto mais dores.

– Papai, é um hóspede desta casa de caridade, aqui fica quem quiser. Querendo poderá voltar ao lar, basta desejar ardentemente, mas não deve fazer isso, não deve desejar voltar lá, agora é um desencarnado e deve desejar somente viver como tal em espírito, sem o corpo carnal.

– Entendo, filho; vou sentir saudade das pessoas, mas não de estar encarnado. Ainda sinto o odor desagradável das minhas feridas. Sinto-me tão bem aqui, nada farei sem ordem ou permissão, quero ser e vou ser obediente. Sou grato a Deus e a todos os que me socorreram.

Voltei tranqüilo. Em casa, Pretinha e mamãe estavam bem. Colocando seus planos em prática, faziam, animadamente, suas tarefas.

Agora, poderia voltar aos meus estudos, poderia concluí-los nas esferas superiores, e levaria uma grande bagagem de conhecimentos, adquiridos nesses anos que passei em trabalho e aprendizagem entre amigos no centro espírita.

Comuniquei minha decisão a Isaías.

– Ricardo, fico contente por ter tido você conosco nesses anos, e fico mais contente ainda por saber que você está querendo estudar, progredir.

Isaías reuniu todos os trabalhadores e, após a reunião da noite, despedi-me de todos eles, abraçando um por um. Éramos amigos e amigos sabem se despedir, era um "até logo!" com votos de felicidade. Parti.

Após quinze anos, o tempo passara, envelhecemos quando reencarnados, porém eu estava como minutos antes do acidente. Não me modificara, os encarnados que me amavam pensavam em mim assim, fora bom papai ver-me assim, com fisionomia de adolescente, mas com o amadurecimento de um adulto. Passara, agora, pelo tempo.

Fui primeiramente ver papai e encontrei vovó Margarida e mamãe Manuela visitando-o.

Papai segurava a mão de mamãe Manuela:

– Manuela, seu perdão me faz tanto bem, obrigado.

– Manuel, há tanto tempo que lhe perdoei. Esqueçamos os fatos tristes. Alegremo-nos com o presente e esperançosos devemos estar quanto ao futuro.

– Papai! Mamãe! – exclamei.

Abraçamo-nos. Mamãe Manuela levantou-se e foi ficar perto de vovó que estava em pé do outro lado da cama. Sentei-me onde ela estava, numa cadeira ao lado da cabeceira de seu leito, e segurei sua mão.

– Como está, papai?

– Bem, filho, Manuela veio visitar-me e perdoou-me!

Papai apertou-me a mão, fechou os olhos e, emocionado, continuou a falar:

– Só falta ver meu Raul, queria tanto vê-lo, pedir, implorar seu perdão, meu filhinho Raul, amo-o tanto agora!

Quis ser Raul, concentrei-me e modifiquei minha imagem. Adquiri as feições que tinha antes, meu perispírito mudou-se na aparência que tinha como Raul.

Papai abriu os olhos, olhou-me e exclamou, assustado:

– Raul? Você é Ricardo?

Vovó tranqüilamente esclareceu:

– Raul e Ricardo são um só espírito; teve duas reencarnações como seu filho, porque muito o ama. Você, Manuel, entende a Lei da Reencarnação e sabe ser isso possível.

– Meu Deus! Raul e Ricardo são uma só pessoa, ou seja, um só espírito! Como pode? Matei você, Raul, e voltou como meu filho novamente?

– Perdoei-lhe como Raul e, como Ricardo, fiz com que me perdoasse.

– Perdoar-lhe? Por que quis meu perdão? Não fui eu a matar seu corpo como Raul?

– Em outras reencarnações estivemos juntos, meu pai, isso recordará mais tarde. Odiava-me, porque o ofendi muito.

– Que nos importa o passado? Não quero recordá-lo ou pensar nele, há muitas tristezas. O importante para mim é saber que todos os que eu ofendi me perdoaram, e a prova tenho de Raul, que até voltou para ser meu filho novamente. Amo você, Raul, Ricardo!

Modifiquei-me novamente, tendo a imagem perispiritual de Ricardo, e nos abraçamos.

– Ricardo, meu filho – disse emocionado meu pai –, dona Margarida e Manuela contaram-me o que fez por mim durante todos esses anos, sou-lhe grato. Quero que saiba, Ricardo, que não lhe darei mais preocupações. Quero, no mínimo espaço de tempo possível, passar a servir e deixar de ser servido. Obedecerei, cumprirei com precisão as ordens que me derem, estou bem e estarei melhor a cada dia. Não quero que se preocupe comigo. Já fez muito por mim, preciso agora seguir seu exemplo, não quero mais ser um necessitado. Vá, filho, e cuide agora de você, de seus sonhos e objetivos.

– Papai, como é bom vê-lo assim, determinado e com vontade de melhorar-se! Virei sempre visitá-lo, quero sempre escutar do senhor palavras de otimismo.

– Agradeço, filho. Sabe, recebi a visita de nossa Valquíria e ela também sempre virá ver-me.

Vovó e mamãe Manuela despediram-se, fiquei a conversar por mais algum tempo com papai. Contente, ele contou-me seus planos e o incentivei.

Realizaria meu sonho.

Anoitecia, do jardim do posto de socorro olhei o firmamento, a imensidão do universo.

Tenho muito o que aprender! Acho-me agora pronto para fazê-lo e ser útil. A fazer minha obra de amor, minha oferta ao altar da vida, de reconhecimento ao Senhor, meu Pai Eterno, Criador de todas as coisas.

Reconciliara-me com meu próximo.

Aleluia!

Ao terminar a leitura deste livro, provavelmente você tenha ficado com algumas dúvidas e perguntas a fazer, o que é um bom sinal. Sinal de que está em busca de explicações para a vida. Todas as respostas que você precisa estão nas Obras Básicas de Allan Kardec.

Se você gostou deste livro, o que acha de fazer com que outras pessoas venham a conhecê-lo também? Poderia comentá-lo com aquelas do seu relacionamento, dar de presente a alguém que talvez esteja precisando ou até mesmo emprestar àquele que não tem condições de comprá-lo. O importante é a divulgação da boa leitura, principalmente a literatura espírita. Entre nessa corrente!

GLOSSÁRIO

Aérobus: carro aéreo utilizado pelos socorristas para transportar os desencarnados que ainda não sabem volitar.

Fluidificação da água: é uma prática ensinada pelos mentores espirituais. Assim, nas reuniões do Evangelho do Lar e nos centros espíritas é costume colocar sobre a mesa uma jarra com água à qual eles acrescentam energias revitalizantes. Ao fim da reunião a água é servida a todos.

Incorporação: é utilizada nos centros espíritas para proporcionar aos espíritos uma comunicação com o mundo material e dessa forma possibilitar aos médiuns conversar com eles, doutrinando-os ou fazendo com que eles compreendam que já não estão mais no corpo físico, ou seja, que já desencarnaram.

Lei de Causa e Efeito: lei de retorno, pela qual cada um recebe de volta aquilo que tem dado.

Médium: é aquele capaz de se comunicar com o mundo espiritual, seja em sonho, por meio de intuição ou de qualquer outra maneira. Todo aquele que sente, num grau qualquer, a influência dos espíritos é, por esse fato, médium; por isso, todos podemos ser considerados médiuns.

Obsessão: é a atuação maléfica que um espírito exerce sobre um encarnado. Apresenta-se de muitas formas, desde a simples influência moral, sem sinais exteriores perceptíveis, até a perturbação completa do organismo e das faculdades mentais.

Passe fluídico: transfusão de energias magnéticas e/ou espirituais que atuam no corpo físico e nos corpos sutis, promovendo a circulação adequada das forças restauradoras da saúde. Técnica conhecida há milênios por muitas religiões da Antiguidade, hoje vem sendo, ainda que de forma tímida, estudada pela ciência acadêmica.

Perispírito: substância vaporosa semimaterial que serve de envoltório ao espírito, e liga a alma ao corpo. Nos encarnados, serve de intermediário entre o espírito e a matéria. Nos espíritos libertos do corpo físico, constitui o seu corpo fluídico.

Umbral: ambiente trevoso e infeliz criado pela força do pensamento de milhares de criaturas em desajuste.

Volitar: locomover-se no ar pelo ato da vontade.

Conheça um trecho do magnífico livro
O diário de Sofia

Narrado pelo Espírito
Nina Arueira
Psicografado pelo médium
Alceu Costa Filho

Entre a vida e a morte, Sofia vive uma experiência fantástica. Hospitalizada, em estado de coma, sente-se viva e consciente, agitando-se em pensamento na tentativa desesperada de comunicar-se. É nessa condição que Sofia vai descobrir, do outro lado da vida, a origem do seu sofrimento. Um romance emocionante e inesquecível, nos lembrando do inevitável encontro com a eternidade.

Envolvida pelas vibrações de minha prece, notei a presença de Mário em seu lugar habitual. Como cu, clc mantinha seus olhos fechados e certamente seus pensamentos voltados para Deus, me acompanhando solidário. Ao término de minha prece, ainda com os olhos cheios de lágrimas, me dirigi ao amigo querido:

"Mário, perdoe-me. Tenho me sentido muito insegura ultimamente. Não me deixe sozinha. Você é o único com quem eu posso conversar!"

"Não se preocupe, Sofia. Eu nunca saio de perto de você. Esta é minha obrigação. Mesmo quando você não me vê, fique certa de que estou por perto. Não só eu, mas também outros amigos qucridos quc vocĉ soubc cativar em outros tempos! Linda prece, menina, e suas palavras foram sinceras.

Tenho certeza de que muita coisa vai mudar em seu coração a partir deste momento."

"Mas é muito difícil, Mário, esquecer de tudo. Diga-me se já é chegada a minha hora de morrer."

"Isso é desígnio de Deus, Sofia. Mas vamos ser realistas: você está em coma há dezessete dias e só agora apresenta alguma melhora. Procure aproveitar bem os benefícios que a situação lhe proporciona, procurando na dor que assola o seu coração os ensinamentos que Deus lhe envia. Não tenha medo, minha querida. Estamos todos sob a proteção do Pai e de Seus mensageiros! Nossa função a seu lado é ajudá-la na compreensão dos acontecimentos do momento, como eternos compromissados que somos pelos laços fraternos que nos unem há muitos séculos. Minha mão amiga e meu ombro solidário estarão sempre presentes a seu lado, e em breve você compreenderá a grandiosidade da Justiça Divina, que permite reencontros em exercício do amor, em substituição ao ódio, construindo um amanhã de paz para todos nós! Por hora, viva, minha menina, acredite na vida, seja ela em corpo de carne ou em espírito, e ame a Deus e a dor que a visita nos dias de hoje; assim vencerá as difíceis noites de seu passado, quando o sol da fé vier visitá-la no amanhecer que se aproxima."

Nair terminara de me arrumar e, sentada, estava pronta para iniciar a leitura de um dos livros quando se voltou para mim, dizendo:

– Que é isso, menina? Chorando por quê? O que significam estas duas lágrimas? Nada disso! Estou aqui do seu lado e não quero vê-la chorando. Vou enxugar seu rosto.

Pacientemente Nair passou a limpar meu rosto, não conseguindo conter suas próprias lágrimas.

...

Romances de Antônio Carlos

Psicografados por Vera Lúcia Marinzeck de Carvalho

Aqueles que amam

Acompanhe a trajetória de duas famílias de imigrantes que vêm para o Brasil colônia em busca de uma vida melhor. Conheça a vida na fazenda, a luta contra a escravidão e o encontro de velhos inimigos de vidas passadas.

Cativos e libertos

Jorge, ao retornar de Paris, onde foi terminar os estudos, encontra seu lar tumultuado. Seu pai havia falecido e o irmão foi assassinado justamente no momento de sua chegada. No entanto, Jorge continua a acalentar sonhos abolicionistas... Não deixe de ler!

Novamente juntos

O que há por trás de encontros inusitados, de almas que de repente se encontram, se apaixonam e decidem compartilhar sonhos, alegrias e desventuras? Um livro surpreendente, para quem gosta de um belo romance.

Palco das encarnações

Augusto experimenta duas encarnações diferentes neste livro. Na primeira, é filho do dono do engenho. Na segunda, volta como escravo no mesmo engenho. Uma história fascinante!

Leia e divulgue!

À venda nas boas livrarias espíritas e não-espíritas